Comment développer des habiletés surnaturelles

Guide pratique de traditions ésotériques orientales

Par MahaVajra

Traduit de l'anglais par Simon Lacouline

F.Lepine Publishing

Copyright 2009

ISBN: 978-1-926659-02-2

www.MahaVajra.BE

Table des matières

Introduction 5
Charger un mantra 11
Méditation 17
Éveiller le diaphane 21
Le corps et l'âme 25
Étendre sa conscience 33
Transmigration de conscience, niveau 1 37
Perception consciente 41
Compassion et paix 45

Transmutation émotionnelle 51
   La technique de transmutation 52
   Exemple d'application 59
   Entraînement à la transmutation émotionnelle 61

Transmigration de conscience, niveau 2 63
Attention vs. conscience 69
Le monde surnaturel 71
Lumière Infinie Éveillée 77
Mère et Père 83
Pranayama 85

Augmentation de la puissance 93

   Les 5 éléments 94
      Terre 101
      Feu 103
      Ciel/Esprit 105
      Eau 107
      Air 108
   Le système des chakras 113

   Trois soleils 117

- Vajrayana 121
  - Survol de la méthode de kuji-in 122
    - 1- RIN 127
    - 2- KYO 128
    - 3- TOH 129
    - 4- SHA 130
    - 5- KAI 131
    - 6- JIN 132
    - 7- RETSU 133
    - 8- ZAI 134
    - 9- ZEN 135

- Relation avec le Divin 137
  - Cesser de définir Dieu 137
  - Prière 140

- La voie vers les pouvoirs surnaturels 143
  - Les Siddhis 151

- Pouvoirs suprêmes 165
  - Influencer la nature 165
  - Télékinésie 167
  - Pouvoir de manifestation 168
  - Transmutation matérielle 172
  - Résurrection des morts 173

- Conclusion 179

Introduction

Bien que tous puissent commencer à pratiquer les techniques qui se trouvent dans ce livre, l'entraînement en capacités surnaturelles sera plus efficace pour ceux ayant déjà une centaine d'heures d'expérience en méditation. Cependant, l'entraînement fonctionnera tout de même si l'étudiant la pratique parallèlement, et ce, même s'il s'agit de ses premières expériences. À cet effet, nous avons inclus un court chapitre sur la méditation. Afin que tous soient à l'aise avec ce genre d'entraînement, nous vous proposerons quelques techniques de méditation provenant de différentes traditions spirituelles. Nous encourageons le lecteur à garder un esprit ouvert à tous les sentiers spirituels, tout en s'adonnant à sa tradition préférée.

Tout type d'entraînement technique, peu importe le champ d'expertise, peut prendre jusqu'à deux ans (cuisine, construction, machiniste, etc.). Il en est de même pour les capacités surnaturelles. Quoique la plupart des gens verront des résultats mineurs dès le départ, jusqu'à deux ans peuvent être nécessaires afin d'obtenir des résultats plus prononcés et plus efficaces. La plupart des gens auront tendance à vouloir avancer rapidement lors de la pratique de ces techniques dans l'espoir de développer leurs pouvoirs plus rapidement. Cette hâte sera leur boulet, car leur corps, leur mental et leur conscience n'auront pas le temps de s'adapter. J'encourage quiconque à s'entraîner suffisamment longtemps à la maîtrise d'un exercice avant de passer au suivant. Au fil de votre entraînement, nous vous encourageons également à faire des périodes de méditation, périodes au cours desquelles vous ne vous entraînez pas directement au développement des capacités surnaturelles. Ces moments de repos sont essentiels et vous devez les accorder à votre mental. Le fait de ne pas méditer retardera votre progression l'atteinte de quelque résultat que ce soit.

Certaines personnes trouvent que la récitation des mantras (un peu comme des formules magiques) est inefficace, ou encore que la méditation n'est qu'une perte de temps. Lorsqu'on leur demande combien de temps ils ont récité les mantras, ils répondent quelques minutes, une heure tout au plus. Lorsqu'on leur demande combien de temps ils ont médité, ils disent ne pas avoir pu faire plus de 20 minutes. Ce type d'entraînement requiert énormément de dévotion et de discipline, mais une fois faits adéquatement, les résultats sont incroyables. Le corps et le mental réagiront à ce type d'entraînement, parfois positivement, parfois négativement (en apparence), alors que les structures de la conscience changent et adoptent de nouveaux outils pour interagir avec l'univers à tous les niveaux.

Plus tard, nous apprendrons comment produire une expérience de paix chez quelqu'un d'autre, comment régénérer le corps, comment voir sans limites de distance en plaçant votre point de vue à n'importe quel endroit souhaité, et bien plus. Ceci n'est possible que si chacune des étapes de cet entraînement est faite correctement, un mala en main (plus d'information à ce sujet plus loin dans ce livre), avec plusieurs récitations de chacun des mantras associés à cet entraînement. S'il était si facile de développer des capacités surnaturelles, nous verrions régulièrement des mages et des vampires déambulant dans les rues la nuit. Seuls ceux ayant une réelle dévotion pour leur entraînement y parviendront.

Évidemment, il existe de nombreuses autres manières de développer des capacités surnaturelles ou perception extra-sensorielle, mais cette méthode a fait ses preuves avec ceux ayant la patience de faire chacune des étapes avec détermination. L'attitude a également une énorme influence sur la rapidité de vos progrès. Plus vous aurez une attitude positive envers votre entraînement, plus rapides seront ses effets. Quelqu'un ayant déjà eu le rare privilège d'avoir expérimenté un phénomène surnaturel trouvera le processus d'entraînement plus facile puisque son mental ne luttera pas et ne doutera pas des possibilités. Ainsi, ceux n'ayant pas encore eu d'expérience ou de sensation « étrange », ni de communication télépathique soudaine, devront garder une concentration constante afin d'obtenir de bons résultats. Le mental joue un très grand rôle dans le succès de cet entraînement.

Non seulement devons-nous garder une attitude positive et déterminée, nous devons également entraîner notre mental à devenir aussi clair qu'une eau calme. Ainsi, nous commencerons donc par clarifier le mental. Pour cela, nous utiliserons une technique appelée « japa » qui consiste à chanter ou réciter un « mantra » en utilisant un collier de billes de bois afin de compter le nombre exact de répétitions. Le collier de billes se nomme « mala ».

L'être humain n'est pas uniquement composé de chair et d'os. Nous sommes également faits d'émotions, de pensées ainsi que de pensée pure, que je me plais à nommer « Conscience ». Cette conscience ne correspond pas uniquement à la connaissance intellectuelle de ce qui se passe. La conscience fait également référence à un lien entre tous les plans de l'existence : physique, vital, émotionnel, mental, causal, âme et esprit.

L'identité humaine, également appelée « égo », est composée de :
- Physique / Corps animal
- Vital / Corps énergétique
- Astral / Corps émotionnel
- Mental / Corps intellectuel

L'identité supérieure, que j'appelle le « Soi », est vôtre :
- Causal / Corps de la conscience
- Âme
- Esprit

L'égo et le Soi ne sont pas séparés, mais nous attribuons les quatre premières parties de notre identité à l'égo parce que le corps, les énergies, les émotions et les pensées sont influencés par les lois naturelles et les l'instinct animal. Le Soi pour sa part, qui est la conscience, l'âme et l'esprit, est libre de l'influence de l'instinct animal. C'est notre véritable origine.

Commençons dès maintenant par un des outils que nous utiliserons pour entraîner notre nature humaine (égo) à collaborer avec notre nature spirituelle (Soi).

Charger un mantra

Avant de passer à la prochaine étape, il est important d'apprendre à clarifier le mental et à charger un mantra. Il est essentiel de développer l'habitude de clarifier le mental avant de tenter toute expérience en capacités surnaturelles. L'égo humain tend à envoyer des images au diaphane (expliqué plus tard dans ce livre) au moyen de notre imagination. Nous devons apprendre à diminuer ces interférences, mais également à voir au-delà d'elles, afin de voir et ressentir la nature subtile de la perception spirituelle.

Les gens croient habituellement que l'entraînement en capacités surnaturelles est difficile pour le mental. En fait, c'est votre mental qui en impose à votre entraînement. Nous devons voir au-delà des limites, là où votre mental collaborera. Lorsque nous ne pensons pas pendant un moment, notre mental s'agite et demande de l'attention. Beaucoup d'attention. Il fera tout en son pouvoir pour nuire à votre entraînement et vous faire perdre votre concentration. La première technique vise à vous faire dépasser cette limite mentale, et à entraîner votre mental à demeurer « immobile ».

La technique que nous suggérons pour clarifier le mental est de réciter un mantra tout en utilisant un mala. En Sanskrit, cette technique se nomme « japa ». Bien que nous suggérions l'utilisation d'un mala (sorte de collier de prière hindou ou bouddhiste fait de billes de bois), ce n'est pas une absolue nécessité. Cependant, l'emploi d'un mala rendra l'entraînement plus efficace et transformera également le mala en un item doté d'un certain « pouvoir » pendant vos entraînements. Vous pouvez trouver un mala de 108 ou 109 billes dans la plupart des boutiques orientales. Un mala hindou possède 109 billes, faites de rudraksha (une plante), alors qu'un mala bouddhiste est composé de 108 billes faites de bois ou de pierre. Utiliser un mala pour compter vos récitations sera également bénéfique pour créer un artéfact qui vous aidera à clarifier votre mental chaque fois que vous le porterez à votre cou.

Tenez le mala dans votre main droite et comptez avec votre pouce ou votre majeur. Ne touchez pas le mala avec votre index pendant que vous récitez le mantra puisque ceci le déchargerait. Le processus fonctionnerait en vous, et l'entraînement ne serait pas fait en vain, mais vous ne chargeriez pas votre mala. Cela signifie également que si votre mala se rompait (ne le souhaitons pas !) vous ne perdriez pas tous les processus de mantras que vous auriez faits jusqu'alors, vous perdriez simplement votre artefact. Rangez votre mala dans un endroit considéré comme privé ou, encore mieux, dans un endroit que vous considérez sacré. Bien que cela ne soit pas dramatique, personne d'autre que vous ne devrait toucher votre mala afin d'éviter d'affaiblir le pouvoir que vous y aurez chargé.

Si vous n'avez pas de mala, nous vous proposerons une durée pour faire vos récitations. Plus vous récitez les mantras, plus ils produisent leurs effets dans votre psyché.

Mantra sanskrit pour clarifier le mental :
Om Shanti Shanti Shanti

Signification: Divine Paix Paix Paix

Visualisation : tout commence par être une lumière bleu clair pour ensuite s'effacer lentement pour arriver à ne plus rien visualiser du tout.

Le mantra seul aura un effet apaisant et calmant sur votre mental, mais ne sera réellement efficace que lorsque vous vous « connecterez » à la conscience de ce qu'il signifie. Lorsque vous apprenez cette technique pour la première fois, vous devriez utiliser le mantra avec une intensité suffisante pour parvenir à briser les limites de la non-pensée. Vous devez réciter le mantra de paix pendant 9 malas, ou 45 minutes, chaque jour pendant 12 jours consécutifs, sans interruption. Nous appelons ceci « connecter » le mantra. Lorsque vous pratiquez cette technique de façon extensive, vous chargez votre âme avec l'énergie et la conscience invoquée par le mantra. Si vous ne faites pas cette pratique pendant 12 jours consécutifs ou si vous ne récitez pas le nombre approprié de malas, une mauvaise connexion en résultera et ainsi que des effets d'une efficacité moindre pour le reste de l'entraînement. Si vous avez de la difficulté à être consistant, c'est le meilleur moment de vous exercer. Si vous ratez une journée, vous devez recommencer le processus du début. Afin que votre pratique soit efficace, vous devez la faire une fois par période de 24 heures avant le lever du soleil. (Je me souviens être revenu d'une classe à 2 :00 AM et de m'être assis pour réciter mon japa de la journée. Comme je tombais toujours endormi, j'ai dû le faire en marchant dans ma salle de méditation afin de rester éveillé.

Chanter un mala signifie chanter 108 mantras. Nous ne comptons pas la 109e bille du mala hindou, qui n'est utilisée qu'une fois au départ afin de réciter une prière, selon votre croyance. Cela pourrait très bien être une prière à votre Être Supérieur pour lui demander des capacités surnaturelles plus puissantes. Chanter 9 malas d'affilés (972 mantras) pendant 12 jours consécutifs (11664 mantras) rendra le mantra extrêmement efficace lorsque vous souhaiterez l'utiliser plus tard pendant quelques minutes. Chantez les mantras en visualisant tout tel un ciel bleu et clair. Si d'autres pensées traversent votre esprit, laissez les être, doucement, tout en essayant de ne porter attention qu'au mantra et à la lumière bleue, sans faire d'efforts. Il est également possible que certaines images ne provenant PAS de votre mental vous apparaissent, mais n'y accordez pas d'importance non plus, du moins pas pour le moment. Lorsque vous faites un japa (récitation d'un mantra en utilisant un mala), vous devez porter votre attention au concept philosophique représenté par le mantra. Vous pouvez balancer légèrement votre corps pendant que vous chargez votre mantra.

Après vous être connecté à la conscience de ce mantra, si votre mental fonctionne à toute vapeur ou est rempli de pensées diverses, récitez un mala ou 5 minutes de ce mantra, tout en libérant votre mental. Il est conseillé de faire un mala du mantra de paix avant chacune de vos pratiques, sauf lors de pratiques pendant lesquelles vous vous endormez.

Méditation

Contrairement à ce que nous voyons dans les méditations commerciales, la véritable méditation se fait en silence, tant physiquement que mentalement. Assoyez-vous, faites quelques respirations et détendez votre mental. Lorsque votre mental s'agite, récitez quelques fois le mantra de paix. Lorsque votre mental se clarifie et se calme, tentez de ne penser à rien et demeurez dans cet état de clarté et de calme, simplement conscient que vous êtes conscient. Nous appelons cet état mental « conscience de soi ».

Une fois que vous portez votre attention sur le fait d'être conscient, même si certaines ondulations de pensées parasites se présentent, portez votre attention sur vous-même non pas en tant que corps, mais en tant qu'âme. Ressentez votre âme, ressentez ce que vous êtes à l'intérieur, accordez de l'attention à votre conscience, à votre esprit. Cette partie de la méditation ne s'explique pas. Faites-la, tout simplement. Essayez d'être ce que vous êtes, sans efforts. Accordez simplement de l'attention à ce que vous croyez être, que vous le sachiez ou non. Vous êtes votre Être Supérieur, alors soyez la conscience suprême intérieure de votre Être.

Lorsque votre mental prend trop de place, chantez le mantra de la paix à nouveau quelques fois, en silence. Retournez ensuite à votre Être intérieur. Il s'agit là de la source de votre véritable pouvoir. Faites cette méditation sur votre Être chaque jour, de 2 à 5 minutes.

Cette technique est tellement simple que nous tentons souvent de la complexifier. Nous cherchons activement ce que nous devrions ressentir. Nous nous demandons si nous faisons la technique correctement. Nous sommes dans le doute, nous pensons à autre chose, nous imaginons des choses. Cette technique est si simple, faites-la comme elle a été décrite. Asseyez-vous, détendez-vous, n'accordez d'attention à rien d'autre que vous, sans définition. Ne pensez pas à ce que vous êtes. Ne laissez pas les pensées à votre propos virevolter dans votre esprit. Ne pensez pas. Soyez, simplement. Si vous ne savez pas qui vous êtes, ni ce que vous êtes, alors vous êtes près de votre but.

Lorsque vous méditez, ou lorsque vous faites vos japas, il est possible que vous transcendiez. Cela pourra vous sembler similaire à une perte de conscience, ou à un état de sommeil, mais en fait c'est votre conscience qui s'éveille et, les premières fois, cela désactive, en quelque sorte, l'identité humaine pendant de courtes périodes. C'est là l'objectif de toute technique de méditation transcendantale. Dans un état de conscience transcendantale, vous êtes totalement libre de vos limites humaines. Vous purifiez votre âme, vous êtes en expansion, vous vous chargez de lumière et de pensée pure.

Si vous commencez à ronfler, ou si votre corps devient si lourd que vous ne pouvez plus vous tenir, alors vous avez dormi. Ce n'est pas grave, mais ce n'est pas l'objectif de la méditation. Lorsqu'assis, si votre corps peut maintenir une posture droite avec seule la tête légèrement penchée vers l'avant, alors vous transcendez. Si vous transcendez pendant trop longtemps, votre tête penchée vers l'avant, alors votre cou sera endolori et vous devrez aider votre tête à se relever avec vos mains afin d'éviter de développer des douleurs cervicales.

L'objectif de la méditation est d'augmenter la puissance de votre Être au point où votre conscience spirituelle prenne le dessus de votre identité humaine pendant un moment. Lorsque cela se produit 200-300 fois, après des années de pratique, il viendra un temps où vous transcenderez tout en demeurant conscient de ce qui se passe, même en état de conscience étendue. Lorsque vous reviendrez à votre état de conscience habituelle, vous vous souviendrez en partie, si ce n'est totalement, de ce qui s'est produit pendant votre expérience transcendantale.

La raison pour laquelle votre humain « débranche » est que le niveau d'énergie et d'informations spirituelles du véritable Soi est si intense que l'humain ne peut le supporter. Lorsque nous revenons à nous après une période de transcendance nous savons que quelque chose vient de se produire. Parfois nous nous sentons frais et dispo, pleins d'énergie renouvelée, mais d'autres fois nous demeurons somnolents, étourdis, pendant un moment. Lorsque vous revenez de cet état de conscience supérieure, vous êtes particulièrement puissant et ne devriez concentrer vos pensées que sur des choses positives pendant au moins 20 minutes. Avant d'être un véritable adepte de la méditation, devenez un adepte du contrôle de vos pensées. Vous ne souhaitez pas manifester d'événements négatifs, mais vous souhaitez plutôt en manifester des positifs. Il est recommandé d'avoir de belles pensées positives lorsque vous revenez d'une période de méditation. Répétez-vous mentalement une phrase qui favorisera votre entraînement (Ma conscience s'élargit, mon mental est pur) ou qui favorisera un état de bien-être général (Ma vie est simple et je suis heureux). Vous devriez vous exercer à méditer au moins cinq minutes chaque jour, avant ou après tout autre type d'entraînement spirituel. Une fois par semaine, vous devriez méditer pendant une période plus longue, plus de 20 minutes, jusqu'à ce que vous parveniez au sentier du Siddhi, à la fin de cet guide d'entraînement.

Éveiller le diaphane

L'imagination n'est pas uniquement l'endroit du rêve conscient. L'imagination est un organe du mental capable d'émettre des pensées/formes et de les percevoir. L'imagination est une membrane multi dimensionnelle de l'intellect (comme en 3D, mais avec plus de dimensions, dont certaines que nous ne connaissons pas encore). Les membranes comportent habituellement deux dimensions, alors utilisez votre imagination pour visualiser à quoi pourrait ressembler une membrane en trois dimensions. Si vous pensez à un drap flottant au vent, alors vous ne conceptualisez pas suffisamment le concept de dimensions. Pensez à un organe ayant des propriétés s'apparentant à une moustiquaire. Nous ferons référence à cet organe en le nommant « diaphane ». Lorsque vous serez conscient de la membrane du diaphane, ou l'organe/mental de la communication de pensées/formes, alors nous pourrons progresser à la prochaine étape de l'entraînement. Un effet secondaire de cet entraînement sera la possibilité d'avoir des visions. Mais pourquoi s'entraîner à avoir des visions alors que vous pouvez éveiller le centre même du mental superconscient qui permettra d'avoir des visions… et bien davantage?!

Première étape: ajouter de la fonctionnalité. Nous avons déjà la capacité d'émettre et de percevoir au moyen de notre diaphane. Nous le laissons souvent dormir en rationalisant que « Ce n'est que notre imagination » ou que « J'ai fait un rêve éveillé », alors que de véritables pensées étaient réellement transmises ou perçues.

Préparation : prenez quelques minutes pour porter attention à votre respiration détendue. Respirez doucement, et portez-y attention. Clarifiez votre mental autant que possible tout en laissant les pensées aléatoires passer selon leur gré; elles s'évacuent d'elles-mêmes. Cela est un processus positif de clarification du mental.

Étape 1 : Définissez et isolez mentalement une pensée simple que vous utiliserez un peu comme un récepteur radio. Pour cela, utilisez la pensée d'un symbole spirituel. Choisissez n'importe quel symbole simple de votre choix. Si vous n'avez aucune idée, utilisez la croix chrétienne, une skastika hindoue ou la silhouette d'un Bouddha. Pensez activement et imaginez que la forme irradie dans toutes les directions (je ne parle pas de votre CERVEAU, mais de votre MENTAL. Tout votre système nerveux, et au-delà, doit émettre cette pensée). N'émettez pas avec effort, mais plutôt avec une volonté détendue. Cela signifie que vous devez souhaiter ardemment quelque chose afin d'émettre avec votre volonté, mais tout en gardant votre corps détendu. Émettez le symbole de votre choix de manière douce, de la couleur de votre choix. Cela projettera la pensée dans l'univers, un peu comme si vous faisiez un appel téléphonique.

Étape 2: Après avoir émis pendant 2 minutes, « débranchez » votre mental et écoutez intérieurement, ressentez, voyez (les yeux fermés), oubliez tout le reste et ne portez votre attention que sur l'organe mental qu'est le diaphane et non pas sur vos sens physiques. Lorsque des pensées font surface, laissez-les être, mais ne leur accordez pas d'attention. Faire un effort pour ne pas penser vous empêchera de progresser. Vos pensées feront surface de manière effrénée au début, jusqu'à ce que votre mental finissent naturellement par s'en libérer. Avec le temps, ou avec de la chance, votre mental s'apaisera. Soyez attentif et percevez l'information / la sagesse / la connaissance / l'expérience qui pourrait vous revenir. Quelqu'un / quelque chose peut répondre à votre appel parce qu'il est dans la nature de votre esprit de répondre en toute liberté.

Alternez entre les périodes d'émission et de perception, en allouant environ 2 minutes à chacune pour commencer. Ensuite, raccourcissez les périodes d'émission et de perception. Lorsque vous serez plus habile à ce petit jeu, vous serez en mesure d'émettre et de percevoir simultanément.

Après une séance d'entraînement de 10 à 30 minutes, méditez comme vous le feriez normalement. Vous obtiendrez peut-être des résultats clairs après une semaine ou un mois d'entraînement, mais des résultats flous seront perceptibles dès les quelques premiers jours. Cela dit, si vous n'avez pas de résultat après les cinq premières minutes d'entraînement, de grâce ne paniquez pas en vous demandant ce qui ne va pas. Pratiquez, pratiquez et pratiquez encore.

Il est acceptable de progresser à la prochaine étape de l'entraînement avant même que vous n'ayez obtenu de résultat efficace avec le diaphane. Si vous faites cela, veuillez ne pas être trop exigeant avec vous-même si les résultats prennent du temps à se manifester. Un entraînement solide en capacités surnaturelles exige du temps et de la dévotion.

Le corps et l'âme

Lors de cette prochaine étape, nous devons apprendre à porter notre attention de manière efficace. Nous le ferons en éveillant la conscience intérieure de notre corps en menant deux entraînements simultanément.

Notre attention vacille habituellement d'un sujet à l'autre, bercé par le vent de nos pensées, sans que nous ayons à intervenir de manière consciente. Même lorsque nous regardons un film, nous croyons porter notre attention à la même chose pendant deux heures d'affilée alors qu'en fait, le film nous présente sans cesse de nouvelles scènes et de nouveaux sons afin de conserver notre attention sur le scénario du film. Autrement, nous ne pourrions pas nous concentrer sur ce qui est à l'écran. Nous ne sommes pas habitués à accorder notre attention à un même sujet pendant plus de quelques secondes. S'il n'y a pas de changement, s'il ne semble pas y avoir de mouvement, de sons ou de variations, notre mental essaiera de porter son attention sur autre chose dans l'espoir d'être stimulé.

D'autre part, nous ne sommes pas accoutumés avec le fait de savoir exactement à quel endroit nous existons. Nous supposons que nous existons dans notre corps, mais nous ne sommes pas réellement conscients de ce fait. Ce fait est pris pour acquis et notre capacité d'exister dans notre corps s'estompe avec le temps. Certains individus ne sont même pas dans leur propre corps. Ils flottent ici et là, à proximité de leur corps, ou en contact partiel avec celui-ci.

Au cours de cet exercice, nous nous exercerons à porter attention et à exister simultanément et consciemment dans notre corps. Vous devrez parfois faire cet exercice assis sur une chaise, couché, ou assis en méditation avec les jambes croisées. L'environnement doit bien sûr être paisible, sans musique de fond. Il ne faut pas que votre mental soit distrait pendant cet exercice. Cela vous donnerait l'impression de porter attention alors qu'en réalité vous êtes constamment distrait par la musique. Si vous sentez s'installer un sentiment de panique, cela signifie que vous êtes sur la bonne voie. Au début, votre mental sera mal à l'aise de ne porter attention qu'à une seule chose sans autre distraction. Encore une fois, laissez ces pensées polluantes s'échapper pendant que votre mental se clarifie et se nettoie, et portez votre attention sur l'exercice.

Parfois, par réflexe ou conditionnement, nous expérimentons une technique avec l'état d'esprit que nous sommes un corps possédant une conscience et une âme. En fait, c'est l'inverse. Nous sommes une âme et nous avons une conscience et un corps. Il s'agit d'une question d'identification de soi. Pendant que nous subissons le programme inscrit dans nos cellules qui nous dicte que nous sommes un corps, nous ne pourrons jamais regarder le monde d'un autre point de vue qu'avec nos yeux physiques. Pour devenir conscient de votre corps, vous devez également vous exercer à vous rappeler que vous n'êtes pas le corps, mais que vous y portez attention, comme à un objet extérieur, même si vous êtes à l'intérieur de ce corps en tant qu'âme. Pendant un moment, il se peut qu'il y ait une dualité d'opinion pendant que votre mental modifie son point de vue. Vous devez demeurer conscient de ce sentiment désagréable, sans tenter de le repousser.

Étape 1 : Ressentez votre corps, devenez-en conscient. Prenez contact avec votre corps au moyen de votre conscience. Éveillez-vous à chaque sensation physique de votre corps. Soyez en paix. Détendez-vous et soyez attentif. Le tout ressemble à une méditation sur le corps physique, les yeux fermés. Lorsque vous sentez avoir une bonne connexion avec votre corps physique, commencez à vous répéter : « Je ne suis pas le corps, je suis l'Âme. », encore et encore, très calmement. Continuez à être attentif. Faites cette technique plusieurs fois, pour des périodes de 10 à 30 minutes. Il est parfaitement acceptable de transcender, de perdre conscience ou de tomber endormit. Doucement, mais fermement, répétez-vous ces mots : « Je ne suis pas le corps, je suis

l'Âme... Je ne suis pas le corps, je suis l'Âme... »
Techniquement, le corps fait partie de l'Âme. Pourtant, quand
vous vous dites : « Le corps fait partie de l'Âme, donc je suis
le corps. », vous vous identifiez encore à l'enveloppe physique
limitée de l'âme. Nous souhaitons détruire cette croyance, et
nous le faisons en disant « Je ne suis pas le corps, je suis
l'Âme. ». Ainsi donc, votre corps fait partie de vous, mais ne
vous représente pas en totalité. Vous êtes l'Âme.

Étape 2 : Lorsque vous aurez réussi à ressentir votre corps
comme si vous viviez à l'intérieur de celui-ci, faites la même
technique qu'à l'étape 1, mais sans prononcer la phrase.
Portez simplement votre attention sur votre corps, sachant
que vous êtes quelque chose de plus grand, sans utiliser de
mots. Tentez d'identifier la pensée pure, sans mots, de ce
concept abstrait. Lorsque nous utilisons les mots, la pensée
pure devient pensée humaine. Il nous faut être conscients de
la différence entre la pensée humaine et la pensée pure afin de
saisir les concepts sans avoir recours aux mots qui les
décrivent. Vous voudrez peut-être utiliser la phrase : « Je ne
suis pas le corps je suis l'Âme. » quelques fois au début de
votre exercice, pour ensuite élever votre attention vers la
pensée pure, sans mots. Au même moment, portez votre
attention sur votre corps.

Une fois que vous aurez saisi le concept de cet exercice, utilisez le mantra sanskrit qui signifie « Je ne suis pas le corps, je suis l'Âme .» Le mantra est : **Ma Dehane Me Atma Om**. Ce mantra se charge au moyen d'un mala au cours d'un processus d'Atma Yoga, qui n'est pas le sujet de ce livre. Récitez ce mantra en allant au lit, ou lorsque vous faites une méditation en position couchée.

L'exécution de cette technique peut sembler difficile lorsque vous en lisez le déroulement, mais elle devient claire après quelques heures de pratique non linéaire. Après un certain moment, vous sentirez peut-être que vous vivez à l'intérieur de votre corps. Cela peut déclencher une sensation émotionnelle apaisante provenant de votre corps sensitif. Vous verrez peut-être des choses projetées sur le diaphane de votre conscience. Acceptez la présence de ces autres manifestations, mais gardez votre attention sur le fait d'être l'âme existant à l'intérieur du corps, sans pensées humaines.

La réponse à la plupart de vos questions est la suivante : l'entraînement vous améliorera. La plupart des questions persistent parce que l'expérience de la conscience altérée ne s'est pas encore produite. Donc, exercez-vous et accordez-vous suffisamment de temps.

Cette technique vous aidera à entrer à nouveau dans votre corps si vous en étiez sorti, à devenir conscient de votre âme, à devenir conscient de vos pensées humaines et spirituelles, à exercer votre concentration sur un sujet simple et fixe pendant que votre mental se clarifie. Cette technique est très bénéfique pour votre corps et votre mental.

Demeurez fixé autant que possible sur la pensée de base, sur la sensation et le concept « Je ne suis pas le corps, je suis l'Âme ». Alors que vous utilisez votre volonté pour demeurer concentré, vous devez également vous détendre et être attentif de façon passive, sans vous impliquer activement dans les remous du mental.

La perception extra-sensorielle signifie que la perception se produit au-delà des sens. Cela signifie également que ce n'est pas votre corps qui perçoit, mais quelque chose d'autre d'une nature plus subtile. La seule manière de développer ces habiletés spéciales est d'éveiller les corps spirituels, en commençant par éveiller votre Être au niveau de l'Âme.

Vous pouvez progresser à la prochaine étape de l'entraînement lorsque vous vous sentez prêt. Soyez indulgent avec vous-même. Vous obtiendrez des résultats avec la pratique. Vous devrez refaire chaque étape de l'entraînement plusieurs fois avant d'obtenir des résultats tangibles pour chacun des exercices.

Il est recommandé de s'endormir chaque nuit en vous répétant « Je ne suis pas le corps, je suis l'Âme. » ou le mantra équivalent en Sanskrit. L'efficacité de cet entraînement perdure pendant le sommeil. Tomber endormit alors que vous vous concentrez sur votre Être en tant qu'Âme vous procurera également bien des bénéfices pendant que vous dormez. Pour certaines personnes, c'est au réveil qu'elles ont leur première expérience consciente du diaphane. Cependant, pour que cela se produise, elles s'y sont également entraînées pendant la journée, éveillées.

Étendre sa conscience

Méditez sur votre Être pendant 2 minutes. Ensuite, imaginez votre Être ayant approximativement la même forme que votre corps. Tentez de ressentir votre Être spirituel à l'intérieur de votre corps, à un niveau de vibration énergétique plus élevé. Vous pouvez ressentir quelque chose ressemblant à une présence dans votre corps.

Lorsque vous ressentez l'énergie, ou la sensation de votre Être, commencez à prendre de l'expansion. Si vous ne pouvez encore ressentir votre Être, utilisez votre imagination. Ce n'est pas seulement votre énergie qui prend de l'ampleur, mais votre Être, qui est réellement ce que vous êtes. Imaginez votre corps spirituel devenant plus grand que votre corps physique. Élargissez votre conscience à quelques pieds au-delà de votre corps physique. Ensuite, demeurez dans cet état d'expansion pendant quelques minutes.

Nous sommes accoutumés à regarder le monde à travers nos yeux physiques, tant et si bien que même lorsqu'ils sont fermés, nous croyons que nous ne pouvons plus voir. Ceci est une illusion fabriquée par notre mental cartésien et objectif. À partir du moment où vous avez élargi votre conscience, placez votre point de vue n'importe où à proximité de votre corps, mais pas derrière vos yeux, comme vous y êtes habitué. Observez votre environnement au moyen de votre conscience, à partir de différents points de vue. Allez-y lentement. Utilisez votre imagination, mais laissez également votre diaphane vous révéler ce qu'il voit.

Dilatez votre conscience, dilatez votre corps spirituel et déplacez votre point de vue. Faites ceci quelques minutes tous les jours, jusqu'à ce que vous deveniez efficace. La plupart des gens veulent aller trop vite, souhaitant pouvoir regarder dans une autre pièce, voyager, etc. Ne faites PAS ceci maintenant. Si vous allez trop loin trop rapidement, votre mental fabriquera l'information manquante. Si vous avez des pensées voulant que ce que vous avez vu a été imaginé et non pas réellement perçu au moyen de la conscience, vous programmerez votre mental à dire que tout cela ne fonctionne pas vraiment, et nous ne voulons pas développer ce genre de pensée négative. Vous devez d'abord vous entraîner à élargir votre conscience et bâtir les liens entre votre Être spirituel (qui n'est pas limité par votre corps physique), et vos autres fonctions mentales, comme la mémoire et la perception.

Continuez de vous exercer jusqu'à ce que vous développiez une conscience de votre corps sensitif. Le diaphane fait partie de ce corps sensitif. Des méthodes vous permettant de déplacer votre point de vue à n'importe quel endroit souhaité sont décrites dans le chapitre des Siddhis, vers la fin de ce livre. Vous devez être prêt afin d'être efficace avec le chemin des Siddhis et développer des capacités surnaturelles plus puissantes.

Transmigration de conscience, niveau 1

Nous passons la majorité de notre vie à expérimenter le monde à partir d'un seul et unique point de vue : celui de notre tête. Avec un peu d'expérience à étendre votre conscience partout autour de vous, vous apprendrez maintenant à concentrer le point de focalisation de la conscience.

Asseyez-vous devant une bouteille ou un verre d'eau. Prenez une gorgée et portez votre attention sur la sensation énergétique de l'eau. Si vous ne pensez pas pouvoir en ressentir l'énergie, alors attardez-vous à son goût, sa texture, sa température. Replacez le verre ou la bouteille devant vous. Faites un mala du mantra de la paix.

Maintenant, libérez votre esprit et devenez votre Être spirituel pour un moment. Ensuite, ouvrez les yeux et portez votre attention sur la bouteille ou le verre d'eau. Imaginez que vous êtes cette eau. N'accordez plus d'attention à votre corps, même si vous percevez encore avec vos sens. Ne focalisez votre attention que sur le fait de devenir cette eau. Prenez-en la forme, sa texture, et sachez que vous êtes cette eau à l'intérieur du verre ou de la bouteille. Une fois que le contact est fait avec vos yeux fixés sur la bouteille ou le verre, fermezles et transmigrez votre conscience dans l'eau. Devenez cette eau dans votre imagination, et, si vous le pouvez, en tant que conscience, en tant qu'Être.

Migrer votre conscience signifierait la déplacer de votre corps vers l'eau. Transmigrer signifie que vous y êtes déjà. Vous n'avez pas à vous déplacer hors de vous, mais perdez simplement la focalisation de votre corps humain physique, et éveillez-vous au fait d'exister en tant qu'eau. Vos yeux ont aidé à focaliser sur l'eau, à faire le lien avec la réalité de l'eau, puis, les yeux fermés, votre conscience devient l'eau. Il ne s'agit pas de déplacer votre point de vue, mais de devenir l'eau elle-même. Imaginez-le et ressentez-le.

Une fois que vous êtes l'eau, récitez mentalement le mantra de la paix. Votre esprit n'est pas dans votre tête physique, mais plutôt peu importe là où se trouve votre conscience. Existez en tant qu'eau pendant 1-2 minutes, et vibrez doucement le mantra de la paix. Évidemment, cela implique que vous vous êtes vous-même préalablement chargé avec le mantra de la paix (11664 récitations, soit 9 malas par jour pendant 12 jours).

Ensuite, ouvrez les yeux et regardez l'eau. Remarquez l'étrange sensation de vous retrouver dans votre corps d'humain et d'être l'eau simultanément. Prenez l'eau et buvez-la. Portez votre attention sur la sensation de l'eau qui pénètre dans votre corps. C'est un peu comme de boire ce que vous êtes.

Répétez ceci tous les jours pendant quelques jours. C'est une méthode efficace pour bénir l'eau, puis pour bénir votre corps avec l'état conscient de la paix. Ceci contribue à la santé de votre corps.

Vous ne devez PAS transmigrer dans le corps de quelqu'un d'autre, sauf si cette personne est consciente de la situation. Il est utile pour un guérisseur d'investir la maladie et de la guérir de l'intérieur. Il est utile pour un adepte de la perception extra sensorielle de devenir un objet, mais cela ne signifie pas que vous pourrez tout de suite lire les énergies de cet objet. Transmigrez dans l'eau pendant quelque temps. Cela est nécessaire pour éveiller la capacité de s'harmoniser avec quelque chose d'autre que votre corps.

Perception consciente

Pour que cette méthode fonctionne, vous devez avoir obtenu certains résultats avec la technique du diaphane. Si vous n'avez pas obtenu quelque résultat de nature spirituelle que ce soit en déclenchant un « appel » spirituel avec votre diaphane, la méthode suivante peut ne pas être évidente. Cela dit, pour certains rares parmi vous, c'est là que vous obtiendrez vos premiers résultats dans tout ce processus. Donc, demeurez positif, peu importe ce que vous faites.

Prenez un caillou, n'importe lequel. Il peut s'agir d'un petit caillou que vous aurez ramassé sur le sol, ou un caillou plus gros sur lequel vous pouvez monter. Assoyez-vous devant le caillou, ou dessus s'il est suffisamment gros. Faites un mala de la paix, puis détendez-vous pendant une minute.

Touchez le caillou avec votre main et fixez-le doucement avec vos yeux. Vos yeux aident à créer un contact conscient. Vos mains aident à créer un contact à un niveau plus sensible. Dans tous les cas, la vision et le toucher sont deux sens du corps physique que vous pourrez utiliser pour puiser dans la conscience du caillou. Nous ne voulons pas débattre du fait que le caillou soit vivant ou non. Une chose est certaine, il y a certaines vibrations, certaines fréquences dans ce caillou, organisées de manière à ce que nous puissions consciemment les percevoir avec notre diaphane.

D'abord, avec votre vision et votre sens du toucher, devenez le caillou, transmigrez-y. Prenez tout le temps dont vous avez besoin pour transmigrer et ressentir que vous êtes le caillou. Même si votre corps continue de vous dire que vous êtes dans votre corps, il arrivera un moment où vous saurez également que vous êtes le caillou.

Ensuite, « syntonisez » votre conscience sur l'histoire du caillou. Vous savez ce qu'est une histoire. Vous comprenez le concept, même si nous utilisons le mot « histoire » pour référer au concept d'une histoire, nous pouvons imaginer le concept sans utiliser de mot pour le décrire. Dirigez ce concept d'histoire vers le caillou avec une attitude interrogative, de manière à demander au caillou de vous révéler son histoire en utilisant seulement la sensation et la pensée conceptuelle afin que le caillou partage son vécu. Puis, désactivez immédiatement vos pensées afin de laisser la réponse vous parvenir. Le caillou devrait normalement projeter une foule d'images à votre diaphane. La plupart des gens perçoivent ceci comme une histoire passée en accéléré sans référence claire à l'espace ni au temps. Dans tous les cas, le caillou devrait vous révéler son histoire au moyen de ses propres pensées conceptuelles.

Il existe un débat concernant le fait qu'un caillou possède ou non une conscience, si un caillou est vivant ou s'il ne s'agit que de matière qui capte les vibrations qui sont dans son environnement. Cet entraînement n'a pas comme objectif de répondre à ce genre de questions. Ce que nous savons c'est que lorsqu'une pensée consciente, sans mots, signifiant « raconte-moi ton histoire » est envoyée à un caillou, ce dernier renvoie des ondes comportant tout ce qui lui est arrivé.

Lorsque vous avez du succès avec un caillou, qui provient du monde minéral, progressez vers le monde végétal et demandez à une plante comment elle se sent. Ensuite, exercez votre perception consciente avec un poisson, et demandez-lui comment il se sent. Puis, faites de même avec un animal. Plus le système nerveux de la cible choisie est simple, plus il sera facile d'avoir une perception consciente. C'est la raison pour laquelle nous commençons avec un caillou, ensuite avec un organisme végétal. Si vous avez de la difficulté à obtenir une perception consciente avec un animal ou un poisson, revenez aux éléments du monde végétal ou minéral jusqu'à ce que vous ayez plus d'expérience. (Le shaman qui m'a enseigné cette technique s'est exercé 3 heures par jour pendant 15 ans.)

En manipulant des objets, nous leur laissons de subtiles traces de notre propre conscience. La même chose se produit lorsque nous passons un certain temps dans une pièce. Plus l'émotion que nous ressentons est forte lorsque nous manipulons l'objet ou que nous sommes dans une pièce, plus la trace de notre conscience sera fortement imprégnée. La clairvoyance consiste à transmigrer dans un objet, ou de s'adresser à la conscience d'une pièce, afin de percevoir les traces laissées par les autres. Nous pouvons utiliser la clairvoyance pour apprendre l'histoire d'un objet, ou pour en extraire une trace laissée par quelqu'un que nous souhaitons chercher plus tard. Exercez-vous à la clairvoyance à différents points de votre entraînement afin de découvrir comment développer cette habileté.

Compassion et paix

Jusqu'à maintenant, tous n'ont pas nécessairement expérimenté la perception extra sensorielle ni de phénomène surnaturel. Ceci n'était pas important jusqu'à maintenant, puisque l'objectif est de vous entraîner autant que vous le pouvez. Avant de poursuivre, vous devez maintenant apprendre à demeurer en paix. Vous allez bientôt apprendre à interagir avec les animaux et les humains, et ceci peut devenir délicat.

Nous DEVONS apprendre à demeurer insensibles à l'état émotionnel de ceux avec qui nous interagissons. Nous ne devons PAS transmigrer dans un autre être humain sans lui avoir demandé la permission préalablement, mais même lorsque vous en avez la permission, l'état mental et émotif du sujet pourrait influencer votre propre être mental et émotif. Même ceux qui, en surface, semblent être clairs et stables peuvent cacher au plus profond d'eux-mêmes beaucoup de tourments et d'émotions refoulées.

Nous devons pouvoir créer un état de compassion dans notre cœur, et ce, volontairement et en tout temps, ainsi qu'un état de paix dans notre mental, et ce, volontairement et en tout temps. Ceci est l'un des entraînements les plus difficiles et sera plutôt ardu pour certains. Tout dépend de votre état mental et émotionnel du moment. Dans tous les cas, cet entraînement, ainsi que la transmutation émotionnelle, vous apportera la clarté et la stabilité mentale et libérera votre cœur de douleurs évidentes ou cachées. Cela ne vous protégera pas de ce que vous êtes et ne cachera pas non plus ce qui est en vous. Plutôt, vous expérimenterez une forme d'auto-thérapie facile, étape par étape, afin que vous puissiez devenir conscient de qui vous êtes à tous les niveaux.

Les capacités surnaturelles les plus impressionnantes peuvent être acquises seulement lorsque vous avez le courage de faire face à ce qui se trouve dans votre esprit et dans votre cœur. Lorsque vous vous affranchissez d'un blocage mental ou émotionnel, davantage de puissance spirituelle est libérée en vous, rendant ainsi la perception des mondes subtils plus facile, vous permettant même d'interagir avec eux.

Nous devons maintenant charger le mantra de la compassion.

Mantra sanskrit de la compassion :
Om Mani Padme Hum

Signification approximative : Bijou divin de conscience, exprimé.

Visualisation : Tout commence par une lumière multicolore qui devient graduellement de plus en plus blanche jusqu'au blanc total. Vous pouvez ensuite cesser la visualisation.

Avant de charger ce mantra, passons en revue sa signification spirituelle profonde afin de pouvoir y garder notre focalisation mentale.

Le mantra de compassion commence avec la syllabe « Om », qui représente le plus haut niveau de vibration de l'univers. Ensuite, le mot « Mani », qui signifie « bijou », fait référence à quelque chose de précieux et de très beau. Le mot « Padme », qui signifie « lotus », un symbole de conscience, est ce sentiment pur ou cette pensée pure de laquelle nous sommes conscients lorsque nous méditons sur notre Être. Ensuite, tout ceci est exprimé dans notre expérience tangible grâce au mot « Hum ». Le mantra de la compassion exprime dans nos cœurs et notre esprit les pensées et les sentiments les plus beaux et les plus élevés qui soient. Ils sont d'une nature si élevée qu'il faut un certain temps avant que nous en soyons pleinement conscients. Nous devons exercer notre cœur à ressentir la compassion, et notre esprit à penser avec compassion. Lorsque la compassion investit la conscience, plus rien ne peut faire mal, plus aucun conflit n'existe. À ce point, tout est pur, harmonieux et paisiblement joyeux.

En connectant votre Être avec le mantra de la compassion, et en chargeant votre Âme de ses pouvoirs merveilleux, vous attirerez à votre corps des énergies spirituelles extraordinaires qui nourriront tout à partir de ce moment. La nature de la compassion est si pure et subtile qu'il vous faudra être patient et fidèle à votre entraînement. Il faut un certain temps à tous pour parvenir à ressentir quelque chose d'éloquent.

Pour vous rafraîchir la mémoire, il faut chanter, en silence ou avec une voix douce, le mantra de la compassion pendant 9 malas consécutifs, chaque jour, pendant 12 jours d'affilés afin d'atteindre progressivement la charge de 11664 mantras. Avant de commencer à réciter vos malas de compassion, il est recommandé de faire un mala de paix afin d'établir l'état mental souhaité. Ensuite, une fois terminé, prenez quelques minutes de méditation silencieuse et portez votre attention sur ce que vous êtes. Lorsque vous chargez le mantra de la compassion, le sentiment intérieur de votre Être peut se modifier et devenir plus raffiné, tout en devenant plus présent.

Si, à quelque moment que ce soit, vous vous sentez lourd, somnolent ou que vous sentez le besoin de transcender, laissez-vous aller un peu. Ensuite, poursuivez votre mala à l'endroit où vous étiez rendu. Essayez de ne pas échapper votre mala si vous arrivez à ne plus être conscient, autrement vous devrez reculer de quelques billes (pour être certain de ne pas court-circuiter le processus). Il serait dommage d'échouer un processus à cause de détails aussi mineurs.

Transmutation émotionnelle

La technique de transmutation émotionnelle ne devrait pas être employée de manière excessive au début, mais elle est absolument essentielle afin de poursuivre l'entraînement. Elle peut s'avérer très exigeante au début, alors ne la faites qu'une ou deux fois afin d'en connaître les sensations. Plus tard, lorsque vous voudrez explorer votre être émotionnel, vous pourrez refaire cet exercice plus souvent. Vous pouvez même attendre plusieurs années avant de le faire plus régulièrement, ce n'est pas réellement important pour le moment. Un jour, vous ressentirez le besoin d'utiliser cette technique. Lorsque ce jour arrivera, vous doublerez votre efficacité en perception extra-sensorielle et habiletés surnaturelles.

Lorsqu'un événement dérangeant se produit et que vous souhaitez y remédier, posez d'abord tous les gestes physiques nécessaires afin de corriger la situation. Vous pourrez ensuite travailler au niveau émotionnel afin de revivre l'expérience en totalité en utilisant la conscience pour pénétrer l'expérience et l'absorber. Ainsi, vous pouvez l'assimiler et la transformer, vous affranchissant ainsi du besoin de revivre et de revivre cette expérience. C'est ce que certains enseignants appellent la « transmutation du karma » ou « transcender l'expérience humaine ». Je l'appelle transmuter l'émotion.

Une émotion n'est pas transmutée en souhaitant volontairement qu'elle s'efface, ou en tentant de la faire partir. Chaque expérience se produit afin que vous en deveniez conscient; c'est seulement en devenant conscient volontairement de l'expérience dans sa totalité que l'émotion sera transmutée et libérée en tant qu'expérience nouvelle et plus élevée. Nous expérimentons avec les émotions afin que l'âme puisse goûter la vie et que la conscience puisse connaître sa propre existence. Nous ne devons pas fuir ou tenter d'éviter les émotions difficiles ou douloureuses, mains nous ne devons pas intentionnellement les provoquer non plus. Le processus de transmutation ne peut avoir lieu si vous écoutez votre voix intérieure qui crie haut et fort sa douleur et sa peur. Vous devrez vous montrer courageux et aller au-delà de vos peurs; ayez la foi, lâchez prise et ne tentez pas de contrôler la douleur émotive, devenez simplement conscient de l'émotion sans vous y investir davantage (ne brisez rien, ne blessez personne, incluant vous-même).

La technique de transmutation

Commencez la technique de transmutation en choisissant un événement récent qui vous a fait ressentir de la culpabilité ou du rejet. Vous pouvez choisir n'importe lequel de vos souvenirs, qu'il soit récent ou non, tant et aussi longtemps qu'il s'agit d'un souvenir d'une expérience vous ayant fait fortement souffrir d'une manière ou d'une autre. Commencez avec cette situation douloureuse, tout de même supportable, afin que vous puissiez faire le travail émotif tout en demeurant capable de suivre ces trois étapes simples. Souvenez-vous que vous n'avez qu'à comprendre et mettre en pratique ces étapes afin de vous familiariser avec elles.

La première étape (le contact intérieur): Rafraîchissez-vous la mémoire en vous souvenant de l'émotion ainsi que de la situation qui y est rattachée. Prenez une profonde respiration et ressentez l'émotion au maximum, sans limite. Elle se trouve dans votre ventre, en vous, et vous pouvez la ressentir de plus en plus. N'amplifiez pas cette émotion au moyen de votre attitude habituelle de victime. Plutôt, écoutez-la et ressentez ce qu'elle fait remonter à la surface pour vous, peu importe ce que c'est. Goûtez sa saveur, acceptez-en la forme ainsi que la manière dont elle se définie (même si cette définition est différente de celle que vous aviez de la situation en question). Contemplez-la, gardez-la en vous. Soyez en paix et revivez l'émotion le temps de quelques respirations, jusqu'à une minute complète. Soyez en paix. Plus tard au cours de vos entraînements, vous pourrez expérimenter ceci avec des émotions plus fortes encore. Pour l'instant, appréciez la paix et la contemplation paisible du changement positif que vous venez d'opérer.

Parfois, vous ressentirez peut-être le besoin d'extérioriser une émotion afin de libérer un peu de pression interne qui semble s'accumuler. Lorsque ceci se produit (vous ne devriez pas le faire trop fréquemment cependant), libérez simplement ce que vous croyez qui doit l'être, mais ne perdez jamais le contrôle de l'expérience. Lorsque vous commencez à apprendre ces techniques, il est trop facile de succomber au besoin de jouer la victime et de commencer à dramatiser jusqu'à quel point l'expérience est douloureuse. Souvenez-vous que vous n'êtes qu'au commencement de votre entraînement, que vous devez d'abord apprendre à devenir conscient de ces émotions. Lorsque vous sentez que vous êtes incapable de supporter l'intensité d'une émotion, vous pouvez libérer une certaine quantité de pression, puis poursuivez le processus. L'objectif n'est évidemment pas de garder cette émotion prisonnière en vous, ou de la camoufler; il s'agit plutôt d'apprendre à la libérer de l'emprise que vous avez sur elle. Il est donc parfaitement acceptable de faire ce processus en exprimant naturellement et humainement cette émotion. Gardez simplement le contrôle sur l'expérience sans déraper. Respirez au moyen de votre abdomen, et non pas votre cage thoracique, pendant tout le processus. Gardez à l'esprit la situation qui a provoqué l'émotion pendant que vous la ressentez.

La deuxième étape (intégration): Entrez dans l'émotion et suivez-la, peu importe où elle vous mène. Respirez profondément et confortablement. Au fur et à mesure que l'air circule dans votre abdomen, votre tâche en tant qu'être conscient est de pénétrer cette émotion tout en la laissant vous absorber. Portez attention à toutes les sensations que provoque cette entrée dans l'émotion, qu'il s'agisse de douleur ou de vide, de froid ou de chaleur, de colère ou de tristesse, entrez-y et devenez ce qu'elle est. Ce processus d'intégration requiert une fusion consciente de vous et de l'émotion. Vous allez vous permettre d'être enveloppé dans l'émotion; d'être intégré par elle. Pendant quelques minutes, respirez et acceptez, respirez et devenez, respirez et ressentez. Suivez le chemin sur lequel cette émotion vous conduit, et vous constaterez que le chemin mène souvent à une autre émotion cachée sous la première.

Toutes nos émotions font surface dans notre conscience parce qu'elles sont liées à une expérience humaine. Utilisez votre mental pour suivre ces expériences passées afin de pouvoir vous souvenir de ce qui s'est passé. Vous pouvez traverser quelques événements (en suivant vos émotions), jusqu'à ce que vous parveniez à la première situation de votre vie au cours de laquelle vous avez vécu cette émotion pour la première fois. Restez concentré. Ne sautez pas d'une idée à l'autre; remontez une expérience jusqu'à sa source, suivant un filon à la fois. Pendant que vous permettez à l'émotion d'exister, sans l'éviter ni la rejeter, l'émotion est libérée et l'énergie qui y est associée cesse d'être emprisonnée; l'émotion est vivante de nouveau, émancipée. Lorsque vous cessez de la bloquer et lui permettez d'ÊTRE, votre être conscient peut alors comprendre l'essence profonde de cette émotion.

Alors que vous vous exercez à devenir l'émotion, le sentiment jusqu'alors problématique sera remplacé par une sensation paisible et naturelle. Vous comprendrez alors, de façon abstraite, mais claire, votre expérience humaine. Vous êtes ce que vous expérimentez en tant que conscience, en tant qu'esprit, en tant que vie. Ne vous empressez pas pendant cette expérience. Laissez la fusion pénétrante se poursuivre pendant un moment, jusqu'au moment où n'y a plus de douleur associée à l'émotion, mais seulement l'expérience de celle-ci. Une respiration consciente vous aidera également à demeurer détendu et laisser aller l'émotion complètement. Comprenez que l'émotion ne vous quittera pas, elle sera simplement libre de demeurer en vous sans les associations négatives qui y étaient rattachées. Avancez toujours de manière consciente pour dépasser votre peur de la douleur, ne repoussez jamais une émotion. Au moyen de votre mental, consolidez l'expérience en entier, expérience composée de tous les événements de votre vie qui y sont rattachés, respirez et soyez conscient avec cette totalité.

L'égo humain possède un système de défense très fort. À maintes reprises, l'émotion n'est pas bloquée par elle-même. Souvent, l'égo humain exerce sur elle un certain contrôle, soit par arrogance, vanité, jalousie ou envie, refusant ainsi le droit à l'émotion d'être résolue, tout cela à cause de l'orgueil. Vous devez être en contrôle de cette expérience et accepter de libérer vos émotions du contrôle mental auquel elles sont assujetties. Lâchez simplement prise.

Troisième étape (la libération) : Lorsque vous vous sentez totalement saturé de l'émotion sur laquelle vous travaillez, lorsque votre conscience l'a transmutée en une expérience vivante, l'émotion (ainsi que toute l'énergie emprisonnée avec elle) est libérée. Elle n'est cependant pas libérée en dehors de vous, elle vous est simplement disponible à nouveau, et toute la puissance de l'émotion vit à nouveau pour vous. L'énergie lourde, dense ou comprimée qui vous troublait est libérée en ce sens qu'elle est convertie en son essence et dissoute dans votre conscience supérieure. Un sentiment de bien-être bouillonnera en vous et remontera à la surface. Vous vous sentirez peut-être grandement satisfait, ou vous pouvez vivre une grande paix vous envahir, ou encore vous pouvez ressentir la grande joie d'être libre. Respirez et permettez à ce nouveau sentiment heureux vous remplir; encore une fois, relâchez cette émotion positive si vous le désirez (allez-y, riez!).

À la suite de cette transmutation, la chose la plus importante que vous puissiez faire est de contempler la totalité de l'expérience comme étant bienfaisante et heureuse. Même si votre expérience physique humaine ne semble pas avoir changé du tout, votre expérience interne fusionne ensuite à votre conscience. Ne laissez pas votre égo humain vous priver de ce moment. Il est crucial pour vous de vous célébrer, car vous avez goûté à la vie de façon complète et entière.

Exemple d'application

Quelques jours savant de commencer à écrire ce livre, je fus frappé d'insécurité. J'ai fait un peu de Kuji-In (pratique spirituelle que j'apprécie), en respirant et en visualisant (techniques également incluses dans le Kuji-In) mais en concentrant surtout ma pensée sur le principe philosophique que « La Vie prend soin de moi, je ne suis pas seul, Dieu est avec moi, et je fais confiance à la Vie ». Je me suis permis de lâcher mon emprise sur ce sentiment. J'ai utilisé le Kuji-In afin de prendre contact avec l'aspect sur lequel je voulais travailler, j'ai ensuite cessé ma pratique de Kuji-In afin de m'attarder davantage sur la transmutation émotionnelle.

À chaque inspiration, je me suis laissé ressentir l'émotion, complètement conscient de cette dernière, me laissant ressentir et de « goûter » chaque sensation qui faisait surface. Afin d'aller plus loin, malgré que ma peur, je suis descendu jusqu'à ressentir de l'abandon. Je suis demeuré dans cet état d'abandon et dans l'émotion qui y était rattachée pendant quelque temps. Je m'y sentais triste. Il a fallu quelques minutes afin de descendre plus profondément encore, jusqu'au fond de ma tristesse. Mon objectif était d'en devenir conscient, sans entrer en confrontation avec elle, ni tenter de la changer. J'ai poursuivi ma descente, de plus en plus profondément, pour finalement découvrir que j'étais effrayé à l'idée de manquer d'argent. Au début de la vingtaine, j'ai vécu en tant que mendiant et chaque jour, j'espérais pouvoir manger. J'en suis venu à croire que la vie était très difficile. Quelques minutes plus tard, après m'être questionné de manière de plus en plus pointue sur la raison pour laquelle je devais vivre l'expérience d'être mendiant, j'ai tenté de me souvenir un moment dans un passé encore plus lointain pendant lequel j'ai ressenti cette même émotion. Des souvenirs de mon frère volant mes jouets ont fait surface, et c'est à ce moment, très tôt dans mon enfance, que j'ai commencé à croire que ma vie ne me donnerait pas ce que je désirais.

Des années de souffrances peuvent s'écouler pour qu'un être humain normal puisse saisir l'essence d'une seule et unique leçon de vie, et ce processus se produit rarement de manière consciente. Ce manque de compréhension consciente permet ainsi aux événements négatifs de se produire encore et encore. Avec l'intégration consciente de l'expérience émotive, quelques heures, parfois même quelques minutes sont suffisantes pour libérer la totalité de l'expérience pour vous. Parfois, l'expérience refait surface quelque temps plus tard, mais seulement pour être intégrée à un différent niveau, et encore une fois, seulement un court laps de temps est nécessaire pour la transmuter, comparativement au processus naturel d'évolution. Certaines personnes résolvent un événement karmique par décennie. La plupart ne peuvent résoudre plus que quelques leçons pendant le cours de toute leur vie. Les êtres évolutifs peuvent résoudre ces situations en « lot », de temps à autre, rendant chaque fois leur vie plus facile et plus heureuse.

Je m'entraîne à cette technique de transmutation émotionnelle presque chaque jour. Parfois pendant quelques secondes, pour devenir conscient de ce que je ressens. Parfois, je m'y adonne pendant quelques minutes afin de décortiquer une émotion et de la libérer. De temps à autre, je me réserve une heure entière afin de disséquer une expérience liée à un état émotionnel en totalité, remontant loin dans le temps. Ceci est une des clefs du pouvoir.

Entraînement à la transmutation émotionnelle

Chaque jour, pendant 12 jours, faites un mala de paix, un mala de compassion, puis quelques minutes de méditation détendue. Ensuite, trouvez une émotion que vous avez ressentie par le passé et transmutez-la. Commencez par entrer dans votre émotion, un peu comme si vous transmigriez dans votre émotion, comme vous le feriez pour un caillou ou un verre d'eau. Laissez vous pénétrer par l'émotion, devenez cette émotion, retracez-la jusqu'à son origine. Après un moment, entre 10 et 30 minutes, ou lorsque vous aurez libéré une chaîne émotionnelle entière et atteint un état naturel de joie, demeurez dans un état calme, contemplatif et paisible. Lorsque vous vous sentez prêt, faites un mala de paix et un mala de compassion.

Transmigration de conscience, niveau 2

Avant de vous exercer au second niveau de transmigration de conscience, il est primordial que vous ayez chargé le mantra de paix, le mantra de compassion et que vous vous soyez entraîné à la transmutation émotionnelle pendant 12 jours consécutifs. Si vous n'avez pu faire face à la musique en allant au plus profond de vous-même, vous bloquerez naturellement votre succès avec les autres. De plus, vous ne voulez pas que d'autres personnes puissent ressentir vos petits problèmes intérieurs. Ils demeureraient encore en vous et vous en auriez inutilement projeté la sensation vers quelqu'un d'autre.

Cet entraînement ne requiert pas 12 jours consécutifs, puisqu'il faut que vous vous sentiez bien en le faisant. Si vous ne pouvez parvenir à un état de conscience paisible et compassionné, refaites l'entraînement précédent et nettoyez-vous, clarifiez-vous. Évidemment, nul besoin de devenir un saint pour procéder à l'étape suivante de l'entraînement. Vous savez lorsque vous vous sentez bien ou non, stable ou non. Si vous passez la majorité de votre vie dans un état dépressif ou d'angoisse, ne faites tout simplement pas cette technique. Cela ne détruira cependant pas votre entraînement, mais il sera simplement différent.

Donc, un jour où vous sentez bien ou du moins en paix, choisissez quelqu'un que vous aimez et que vous connaissez déjà. Ne choisissez pas quelqu'un avec qui vous aimeriez être en relation. Ceci décentraliserait le point de focalisation de la technique. Saisissez plutôt le moment pour être reconnaissant envers vos parents, ou envers un ami proche.

Asseyez-vous et commencez votre séance d'entraînement avec les malas standards de paix et de compassion. Ensuite, pensez à la personne que vous avez choisie. Respirez quelques fois, doucement et profondément. Lorsque vous sentez être en contact avec le « concept » de cette personne, que vous avez la fréquence de cette personne dans votre conscience, transmigrez dans son corps en vous y assoyant. Imaginez que vous y êtes déjà, que vous êtes cette personne. Vous ressentirez une étrange sensation, celle d'identités multiples. Vous aurez toujours un lien avec votre propre identité (que vous ne pouvez pas réellement perdre), mais vous sentirez également que vous êtes quelqu'un d'autre, ou du moins, que vous êtes dans le corps de quelqu'un d'autre.

Après avoir « syntonisé » la fréquence de la conscience de cette personne, ou lorsque vous ressentez la conscience combinée des deux identités, prenez votre mala dans votre main et faites un mala de paix suivi d'un mala de compassion. Pendant ce processus, gardez à l'esprit que vous êtes dans le corps d'une autre personne, et que dans la conscience, vous êtes unifié, vous êtes Un. Vous élèverez ainsi la conscience de quelqu'un d'autre, purifiant légèrement leur mental et leur cœur. Ce ne sera pas aussi efficace que si la personne faisait elle-même la technique de transmutation émotionnelle, mais l'efficacité sera à la hauteur de votre habileté à transmigrer votre conscience, et votre capacité à vous connecter avec chaque mantra.

Lorsque vous aurez terminé, revenez simplement à vous, dans votre propre corps. Reposez-vous bien pendant cette période d'entraînement. Focalisez vos pensées sur la joie et le bonheur. Ne demandez pas à la personne choisie si elle a ressenti quoi que ce soit, à moins que vous n'ayez aucune objection à être étiqueté d'individu bizarre. L'humilité est recommandée, vous devriez donc garder ces expériences pour vous-même, à moins que la personne choisie ne soit ouverte à ce genre d'expérience.

Pour mettre une autre personne dans un certain état de conscience, vous devez d'abord pouvoir créer cet état en vous-même. En apprenant à guérir votre corps au moyen de méthodes surnaturelles, vous pourrez éventuellement parvenir à produire le même effet chez autrui. La même chose se produira pour soulager la dépression, la douleur, ainsi que plusieurs autres états de conscience.

Tout ce que vous faites à autrui au moyen de cette technique vous reviendra avec une intensité multipliée par dix. J'ai personnellement expérimenté ceci lorsque je jouais avec les arts sombres pendant mon adolescence, pour finalement amplifier quelques problèmes psychologiques que j'avais déjà. Les effets négatifs sur la personne ciblée ont été minimes, mais ma propre anxiété s'en est trouvée décuplée. Oh! Que j'étais stupide! Je n'avais alors visiblement aucune expérience de la vie. À tout le moins, ceci me prouva une fois de plus que ces choses fonctionnaient, mais j'aurais pu en obtenir la preuve par des moyens plus compassionnés. Un de mes étudiants (Jean-Patrick) à découvert qu'il possédait ce pouvoir en allégeant un état dépressif chez quelqu'un, pour finalement constater que même les gens dans l'environnement de cette personne étaient plus joyeux pendant un certain temps. Non seulement en était-il heureux et content, mais il reçu d'heureux bénéfices en retour. Je recommande que tous les étudiants apprennent à produire un état de compassion et de paix, à volonté.

Vous ne pouvez pas sauver quelqu'un au moyen de la transmigration de conscience. Vous ne pouvez pas faire de transmutation émotionnelle pour autrui non plus, ni les libérer de leur karma. Tout ce que vous pouvez faire est d'influencer les autres au moyen de votre puissance spirituelle, ou avec un mantra chargé.

Ceci est pratique pour obtenir de l'information sur quelqu'un. Toutefois, n'importe quelle information ainsi obtenue peut être altérée par votre propre imagination projetée sur votre diaphane. L'information obtenue des autres ne constitue pas essentiellement la vérité. Il s'agit plutôt de ce qu'ils nourrissent eux-mêmes avec leur propre conscience. Ce que vous percevez ainsi pourrait être la vérité, ou encore une fabrication de leur propre fantaisie. Peut-être même n'en sont-ils pas conscients. Ne tentez pas de lire les pensées avec ces méthodes, car les résultats sont plutôt médiocres. Ce pouvoir est plutôt utile pour les thérapeutes et les guérisseurs, afin d'identifier un état de santé ou pour trouver de bons indices concernant la condition du patient.

Attention vs. conscience

Pour le reste de cet entraînement, veuillez s'il vous plaît assimiler et comprendre ces deux concepts : « Accorder de l'attention à » et « Être conscient de ». *Accorder de l'attention à* quelque chose se fait au niveau mental, lorsque vous vous concentrez mentalement sur quelque chose. C'est ce que vous faites quand vous utilisez un mantra, lorsque vous faites de la visualisation ou que vous employez tout autre technique requérant l'implication de votre mental. *Être conscient de* quelque chose n'implique pas la pensée, ni d'activité mentale, mais plutôt un niveau de perception plus subtil. C'est ce que vous faites lorsque vous transmigrez, ou lorsque vous percevez au moyen de votre diaphane.

Accorder de l'attention relève du mental, alors qu'être conscient relève de la conscience. Vous êtes probablement sur le point de commencer à différencier les pensées mentales de la conscience. Donnez-vous du temps, et entraînez-vous beaucoup. Avec le temps, vous aurez plus d'expérience et une meilleure compréhension de ce que signifie le fait d'être conscient, éveillé au plan spirituel et en tant qu'être spirituel. À partir de là, vous commencerez à ressentir et à percevoir avec la conscience de manière similaire à ce que vous pouvez faire avec vos sens physiques de perception.

Le monde surnaturel

Jusqu'à maintenant, vous avez appris à éveiller votre conscience qui dormait en vous. Chaque étudiant est à un endroit différent dans cet entraînement, et chaque étudiant obtient des résultats différents. Cependant, la constante est l'éveil progressif au monde surnaturel. Avant de pouvoir expérimenter des phénomènes surnaturels, nous devons être conscients du monde surnaturel. Avant de pouvoir poser des gestes de nature surnaturels, nous devons être fonctionnels dans le monde surnaturel.

Définissons « surnaturel » comme étant ce qui se trouve au-delà de ce qui est naturel. Ce qui est naturel existe dans la nature. Donc, ce qui est surnaturel est ce qui existe au-delà de cette nature. Les habiletés surnaturelles ne sont pas toujours visibles dans le monde physique. Certaines activités surnaturelles demeurent dans le champ surnaturel et ne sont pas observées par les gens non éveillés. Cependant, l'objectif d'un programme d'entraînement comme celui-ci est de pouvoir observer, dans la nature, un phénomène qui provient du surnaturel.

Jusqu'à maintenant, l'éveil de votre conscience vous a donné une idée générale de ce qu'est l'éveil spirituel. Une personne est éveillée physiquement si le corps physique peut fonctionner, s'il est vivant et alerte. Une personne éveillée émotionnellement si elle est consciente qu'il existe des émotions, si elle peut en identifier quelques-unes et peut choisir de la manière de composer avec celles-ci. Ne soyez pas dupes, nous ne sommes pas toujours éveillés émotionnellement. Parfois, nous réagissons à une émotion sans accorder d'attention à l'émotion elle-même. Dans de tels cas, nous agissons tout simplement sans réfléchir, sans ressentir, nous obéissons à la réponse programmée en nous, réponse X que le corps enclenche lorsqu'il se trouve dans un état émotionnel Y. Ceci provoque des réactions de jalousie, d'envie, de colère, d'attirance sexuelle, qui semblent incontrôlables sur le moment. C'est alors que nous disons que « c'était plus fort que moi ». Ceci se produit parce que le programme physique / émotif / mental est une grande création de la nature et il fonctionne parfaitement afin de favoriser la survie du corps biologique, puis, par ricochet, la survie de la race humaine. La technique de transmutation émotionnelle est l'une des meilleures manières d'éveiller le corps émotionnel et de demeurer responsable de ses activités.

La plupart des gens sont partiellement éveillés physiquement, émotionnellement et mentalement, mais ne sont pas éveillés spirituellement. Certains autres sont éveillés physiquement, très peu émotionnellement et totalement endormis au plan mental. Même s'ils semblent avoir des capacités cognitives, ces gens ne font que répondre aux stimuli selon leur conditionnement et ne peuvent absolument pas faire de choix selon une réelle volonté. Leurs « choix » sont des programmes auxquels ils obéissent. Heureusement, si vous avez commencé cet entraînement, vous êtes très certainement éveillé mentalement. L'objectif est de vous éveiller encore davantage à la réalité spirituelle. Alors seulement pourrez-vous avoir des interactions entre les plans naturel et surnaturel.

C'est en demeurant éveillé simultanément au niveau physique, émotionnel, mental et spirituel que nous pourrons aspirer à pouvoir créer des interactions entre les différents plans d'existence. Il existe également un plan d'existence entre les réalités physiques et émotionnelles, que j'aime nommer le plan éthéré, composé de volonté et d'énergie vitale. C'est là que se trouve-le « chi », et c'est le plan que nous utilisons pour déployer notre volonté. La différence entre le plan éthéré et le plan émotionnel est la même que la différence entre le désir et le vouloir. La volonté est composée d'énergie, une énergie qui souhaite obtenir quelque chose, et qui provoque des actions sur le plan physique. Le désir est une émotion qui ne se concrétise pas nécessairement sur le plan physique. Le désir ne devient pas toujours réalité. Le désir est l'émotion qui sert de carburant à l'énergie que requiert la volonté et qui sera déployée dans l'action physique. Ce processus entier est commandé par le mental, qui s'harmonise sur une intention. L'intention est une pensée.

Ce qui suit est un tableau simplifié qui vous aidera à comprendre les différents plans d'existence ainsi que leur implication dans la manifestation de phénomènes physiques, comme l'action. Ces plans font tous partie de la nature. (Composante = ce avec quoi les choses sont faites. Résultantes = ce qui est produit.)

Plan	Symbole	Composante	Résultante
Mental	Mental	Pensées	Intention
Émotionnel	Coeur	Émotions	Désir
Éthéré	Tripes	Énergie vitale	Volonté
Physique	Corps	Chair	Action

Au-delà des plans naturels se trouvent les plans spirituels, ou l'Être. L'Être est composé de conscience, d'âme et d'esprit. Il peut produire toute forme de phénomènes se trouvant dans la nature, comme la pensée pure, l'intention pure, le désir pur, la volonté pure et, ultimement, l'action pure.

Un humain normalement constitué et fonctionnel peut produire des actions efficientes en faisant ceci, simultanément :

- Se concentrant sur une intention précise
- Amplifiant la force de l'action avec un désir honnête
- Amplifiant la force de l'action avec une forte volonté
- Produisant l'action désirée avec un corps sain

L'objectif des prochains chapitres servira à éveiller votre conscience au monde surnaturel. Ce n'est qu'à ce moment que nous pourrons développer des outils efficaces pour fonctionner sur tous les plans d'existence. L'objectif ultime est de parvenir à un champ de conscience étendu et de développer un grand éventail de bons outils qui permettra à notre Esprit de manifester des phénomènes physiques observables, après avoir fait l'entraînement requis. Cependant, nous pourrons presque immédiatement (en l'espace de quelques semaines, quelques mois) expérimenter des interactions entre l'Esprit et le mental (lire les pensées, expérimenter la télépathie spontanée…), suivi d'interactions entre l'Esprit et le cœur (soulager la douleur émotionnelle, stimuler la joie, être conscient des émotions des autres…).

À la longue, l'Esprit, le Soi, influencera votre corps éthéré en augmentant et en nourrissant notre force vitale. L'influence spirituelle ultime se produit lorsque l'Être en entier influence le corps physique, prolongeant l'espérance de vie et régénérant le corps physique de façon surnaturelle.

Lumière Infinie Éveillée

Maintenant que nous avons une bonne idée de ce qui se produit avec notre conscience, maintenant que nous savons qu'il y a « quelque chose » grâce à quelques expériences d'interactions conscientes au niveau spirituel, il est temps de raffiner notre notion de ce qu'est la conscience et d'aller au-delà des limites et des standards acceptables intellectuellement. Nous devons outrepasser le conditionnement mental que nous avons reçu depuis la naissance. Nous devons avoir une bien meilleure idée de ce qu'est la conscience, de son mode de fonctionnement ainsi que de la manière d'agir avec celle-ci de la même façon dont nous agissons avec notre corps dans la réalité physique.

D'abord, contemplons ce qu'est la « Lumière ». La lumière ne peut être vue, mais nous savons qu'elle existe puisque nous pouvons percevoir les objets sur lesquels elle reflète. Afin que nous puissions voir la réalité physique, il doit y avoir de la lumière partout afin qu'une partie de celle-ci pénètre dans notre œil. La lumière est quelque chose d'inconcevable en elle-même. Nous ne pouvons que considérer l'expérience de ses résidus, la résultante de l'interaction entre la lumière et les objets. Ainsi donc, pensons à la différence entre la lumière elle-même et le fait que nous puissions voir. Regardez des objets autour de vous. Ensuite, ne portez plus votre attention sur l'objet, mais bien sur la quantité infinie de lumière qui se trouve partout autour de vous, dans l'air, et qui circule dans toutes les directions. Tentez d'en saisir l'essence, non pas avec votre mental, mais en étant conscient. Cela ne sera pas facile au début. L'objectif n'est pas de devenir conscient de la lumière immédiatement, mais de vous entraîner à essayer d'identifier le phénomène conscient de la lumière. Vous ne percevrez peut-être même rien du tout, mais vous vous serez exercé à étendre votre conscience de la lumière, à étendre votre conscience dans cette lumière.

Prenez deux minutes afin d'être conscient de la lumière, sans porter attention aux objets, tout en gardant vos yeux ouverts. Prenez quelques respirations relaxantes. Prenez de l'expansion dans la lumière.

Un autre concept difficile à saisir au moyen de l'intellect, mais qui est pourtant évident pour la conscience, est le concept de « l'infini ». Notre conditionnement mental exige que chaque chose soit calculée, mesurée, assimilée mentalement afin que nous puissions lui attribuer une valeur nominale selon certains standards ou règles auxquels nous sommes habitués. Notre mental souhaite encapsuler toute chose dans un espace défini, dans une dimension déterminée, un volume, un poids, une durée… Le concept d'infinité n'est compréhensible par notre mental que d'un point de vue philosophique. Cependant, pour la conscience, l'infinité est l'évidence même. En éveillant notre conscience, nous allons progressivement rendre disponible à notre mental ces concepts jusque-là inconcevables. Nous pourrons avoir des pensées libres de toutes limites. Nous pourrons penser au-delà des dimensions.

Prenez maintenant deux minutes pour investir votre mental du concept d'infinité, sans limites de temps ni d'espace, sans qu'il ne soit possible de la mesurer de quelque manière que ce soit. Permettez à votre mental de penser sans définition. Contemplez et respirez.

Le fait de contempler la « lumière » telle qu'elle est ainsi que « l'infinité » telle qu'elle est avait pour objectif de vous donner une idée de ce sur quoi porter votre attention et ce dont il faut être conscient lorsque vous expérimenterez avec la prochaine technique.

Maintenant que vous saisissez les concepts d'infinité, de lumière et d'éveil, passons à une nouvelle technique d'entraînement qui s'appelle le plus simplement du monde : Lumière infinie éveillée.

Le Bouddha a enseigné plusieurs choses à ses disciples. L'une des traditions bouddhistes les plus populaires est la tradition de la Terre Pure. Bien que l'entraînement de ce livre ne vise pas à présenter les enseignements complets de la tradition de la Terre Pure, nous nous attarderons à sa pratique principale. Elle consiste à contempler, dans un état méditatif, la Lumière Inifinie Éveillée.

En Sanskrit, les mots « lumière infinie » se prononcent « Amitabha », et le mot « éveillé » se traduit par « Bouddha ». Lorsque nous chantons ou récitons le mantra « Amitabha Bouddha » pendant de longues périodes, tout en contemplant doucement les concepts qu'implique le fait d'être éveillé à la lumière infinie, nous devenons conscients de ce que nous sommes au plan spirituel. Nous devenons l'Être. Le Bouddha lui-même disait que, lorsque nous récitons « Amitabha Bouddha », nous n'invoquons pas le Bouddha, ni même aucun Bouddha que ce soit, mais nous contemplons la définition la plus élevée du Soi. Ce mantra est appelé le mantra de la Terre Pure.

La technique est simple. Assis en méditation, récitez le mantra ou chantez-le à voix haute si l'environnement le permet. Lorsque vous chantez tout haut ou que vous récitez mentalement, gardez également à l'esprit sa signification. Laissez votre mental s'attarder sur le concept indéfini du Soi. .

Pour les besoins de cet entraînement, vous pouvez choisir entre deux stratégies possibles :

1) Pendant 12 jours consécutifs, assoyez-vous en silence et récitez mentalement le mantra de la Terre Pure pendant 30 minutes, tout en balançant votre corps très légèrement. Vous pouvez garder les yeux ouverts ou les fermer.
2) Pendant 12 jours consécutifs, récitez le mantra de la Terre Pure à voix haute pendant 15 minutes, puis méditez sur le concept pendant 15 autres minutes, les yeux fermés, en répétant le mantra mentalement.

Au début, nous n'utilisons pas de mala pour charger ce mantra. L'objectif est de contempler. Vous pourrez charger ce mantra lorsque vous aurez terminé l'entraînement entier fourni dans ce livre, et que vous cherchez de nouveaux mantras à charger.

Mère et Père

Un père tient son nouveau-né avec joie et fierté. Il contemple ensuite la beauté de ce qu'il à créé. Parfois, il criera à tous « Voici mon enfant! », pensant au plus profond de lui « voici ce que j'ai fait, voici ce que j'ai créé ». Pendant un moment, le père est convaincu d'avoir fait l'enfant seul. Puis, la mère, voyant l'enfant, aime tout simplement l'enfant pour ce qu'il est. Elle ne ressent pas le besoin d'affirmer qu'elle a conçu l'enfant. C'est l'évidence même pour elle, et elle préfère s'occuper du nourrisson puisqu'il s'agit de son trésor le plus précieux.

Dans la plupart des religions, l'homme prie Dieu comme si c'était un qu'homme. Il prie le créateur, celui qui à souhaité la création, celui qui désire la création, celui qui voulait que la création soit, mais il prie en fait l'énergie féminine Divine qui est véritablement à la source de toute création. Dans une entreprise, la haute direction regarde parfois avec fierté le produit final sans accorder d'attention aux travailleurs et aux infrastructures requises pour fabriquer le produit. Vous pouvez également remarquer que les employeurs qui accordent de l'attention et prennent soin de leurs employés obtiennent de meilleurs résultats de leur entreprise. Tous tentent d'accorder du crédit à l'origine de la création, et au résultat final, mais peu se préoccupe du processus se trouvant entre le créateur et ce qui est créé.

Peu importe votre système de croyances, quelque soit le nom de votre Dieu, le cas échéant, vous devez porter votre attention à la Mère Divine, l'énergie féminine de la création.

Il n'y a pas grand-chose à expliquer ici. Ceux qui ont du succès à développer leurs capacités surnaturelles sont ceux qui ont une relation équilibrée avec les énergies masculines et féminines Divines. La plupart de nos processus spirituels se font avec l'énergie masculine comme fondement, c'est la raison pour laquelle nous devons développer une relation avec l'énergie féminine Divine afin de rééquilibrer le tout.

De temps à autre, j'aime faire un mala en utilisant ce mantra simple: « Mère Divine, je t'aime et je reçois ton amour ». Il s'agit de ma façon de me connecter à Elle. Vous pouvez l'essayer et voir ce qui se produit. Les Bouddhistes peuvent prier la déesse Tara. Les Hindous peuvent prier la déesse Durga. Les Chrétiens peuvent prier la Sainte Vierge.

Pranayama

Il existe plusieurs exercices de respiration, de différents types. Tout parcours spirituel sérieux incite à une respiration adéquate. Nous allons traiter ici d'un type de respiration en particulier qui renfloue votre système énergétique et qui souffle sur le feu dormant de votre chakra de la base.

Le *prana* est l'énergie vitale. Lorsque vous respirez, vous n'inspirez pas uniquement de l'oxygène, mais également du prana. Le prana circule naturellement dans votre système énergétique. Si vous souhaitez utiliser le prana consciemment et le diriger à volonté, vous devez vous entraîner souvent au pranayama.

La technique du pranayama est plus complexe que la plupart des techniques de respiration. Avant de vous l'exposer, prenons un moment pour observer notre patron actuel de respiration. Placez votre main droite sur le haut de votre poitrine et votre main gauche sur votre abdomen. Prenez une profonde inspiration abdominale, puis laissez aller lentement. Si votre main droite (haut de la poitrine) bouge, votre respiration n'est pas adéquate. Pendant la technique du pranayama, ainsi que tout autre type de respiration, vous devriez respirer à partir de votre abdomen, non pas le haut de votre poitrine. Votre poitrine bougera tout de même légèrement, mais votre abdomen devrait faire la presque totalité du mouvement de respiration. Faites quelques respirations abdominales, pour développer ce réflexe.

Technique physique

Laissez votre main gauche reposer sur votre cuisse, paume vers le haut, en récitant le mudra de la circulation du feu, touchant légèrement le bout de votre index avec le bout de votre pouce. Ne placez pas votre pouce par-dessus l'ongle de votre index, touchez simplement le bout du doigt. Ceci permettra une plus grande circulation du Prana dans votre système.

Avec votre main droite, touchez doucement votre langue du bout de votre index droit afin de l'humecter. Ensuite, placez votre index droit sur votre troisième œil, entre vos sourcils. Ne mettez pas de pressions, touchez votre peau, simplement. Gardez les yeux fermés.

Respiration en alternance:

1- Au moyen de votre majeur droit, bloquez votre narine gauche. Inspirez par votre narine droite. Maintenez l'inspiration en vous pendant quelques secondes.

2- Débloquez votre narine gauche, puis bloquez votre narine droite avec votre pouce. Expirez lentement par votre narine gauche. À la fin de cette expiration, restez immobile pendant quelques secondes.

3- Gardez votre narine droite bloquée au moyen de votre pouce, inspirez par votre narine gauche. Maintenez l'inspiration en vous pendant quelques secondes.

4- Débloquez votre narine droite, et bloquez votre narine gauche avec votre majeur. Expirez par votre narine droite.

En utilisant cette respiration en alternance, vous inspirerez par votre narine droite, expirerez par la gauche, inspirerez par la gauche, puis expirerez par la droite, en prenant une courte pause entre chaque inspiration et expiration.

Faites cette technique de respiration en alternance maintenant, trois fois, simplement pour vous familiariser avec la technique.

TRUC : Parfois, il m'arrive d'avoir de la difficulté à inspirer et expirer parce que mes narines sont partiellement bouchées. Lorsque je bloque ma narine gauche avec mon majeur, j'utilise mon pouce pour tirer la peau de ma joue droite légèrement vers le haut afin de libérer un peu de pression sur ma narine droite. Lorsque je bloque ma narine droite avec mon pouce, j'utilise le majeur pour tirer la peau de ma joue gauche légèrement vers le haut.

TRUC : Mouchez votre nez avant de faire la technique du pranayama. Si vous êtes grippé et que votre nez est bouché, retardez votre entraînement, ou ne faites que 3 respirations en alternance, même si cela est difficile.

Technique mentale

Pendant que l'air pénètre par une narine et en ressort par l'autre, le mental sera occupé par des pensées complètement différentes. Pendant votre inspiration par la narine droite, votre attention tracera un parcours ressemblant à ceci : de votre poumon droit, montant dans votre bronche droite, dans votre gorge, votre tête, puis 2 pouces au-dessus de votre tête à la fin de l'expiration. L'énergie suivra naturellement le parcours qu'emprunte votre attention. Ne visualisez pas de manière excessive et ne tentez pas de faire circuler l'énergie vous-même. Suivez simplement le parcours avec votre attention.

Lorsque vous commencez à expirer par votre narine gauche, votre attention retournera à l'intérieur de votre tête, vers le bas dans votre gorge, puis votre bronche gauche et enfin votre poumon gauche. Laissez votre attention dans votre poumon gauche alors que votre respiration est arrêtée.

Ensuite, faites le processus inverse tout en suivant votre patron de respiration. Pendant votre inspiration par la narine gauche, votre attention tracera un parcours ressemblant à ceci : de votre poumon gauche, montant dans votre bronche gauche, dans votre gorge, votre tête, puis 2 pouces au-dessus de votre tête à la fin de l'expiration. Faites une pause de quelques secondes. Ensuite, expirez par votre narine droite, en portant votre attention de votre tête, vers le bas dans votre gorge, puis votre bronche droite, et enfin, faites une pause arrivé à votre poumon droit.

Votre esprit sera quelque peu troublé si vous pensez au parcours qu'emprunte l'air. Si vous pensez intérieurement que lorsque vous inspirez par votre narine droite, l'air descend dans votre poumon droit, alors vous serez désorienté quant au patron que doit suivre votre attention, qui se déplacera vers le haut alors que vous inspirez. Le parcours de votre attention ne suit pas le parcours de l'air dans votre corps. Pendant que vous inspirez, déplacez votre attention vers le haut le long du parcours, du côté de la narine qui inspire, et lorsque vous expirez, déplacez votre attention vers le bas jusqu'à votre poumon du côté de la narine qui expire.

Ajoutons maintenant la touche finale au processus mental. Pendant votre séance d'entraînement au pranayama, récitez le court mantra « OM », à chaque seconde ou deux. Que vous inspiriez, expiriez, que vous fassiez une pause, votre mental continu avec un doux « OM, OM, OM, OM, OM… ».

Résumé de la technique

Physiquement, vous inspirez par une narine, faites une pause, puis expirez par l'autre. Ensuite, vous changez de direction. Mentalement, vous suivez un parcours avec votre attention, du poumon du même côté de l'inspiration, vers le haut jusqu'au-dessus de votre tête, vous faites une pause, puis vous revenez jusqu'au poumon avec lequel vous expirez. Pendant tout ce temps, vous récitez doucement et mentalement « OM, OM, OM, OM… »

Commencez avec une minute de pranayama, et augmentez d'une minute par jour, jusqu'à ce que vous parveniez à une moyenne de 15 minutes. Si vos yeux deviennent irrités, ou si l'intérieur de votre nez brûle, cessez immédiatement. Gardez votre colonne vertébrale droite, mais détendue pendant tout le processus.

De temps à autre, ou une seule fois, vous pouvez essayer le pranayama pour une période de 30 ou même 45 minutes, pour donner un survoltage de prana à votre système énergétique. Ceci entraînera votre système énergétique à amasser encore plus d'énergie et contribuera à éveiller votre kundalini.

La kundalini est une force très puissante qui est fortement liée à notre chakra de la base. Lorsque nous éveillons la kundalini pour la première fois, ce n'est pas la kundalini elle-même que nous ressentons, mais des vapeurs énergétiques libérées pas le chakra de la base qui circulent le long de la colonne vertébrale et de chaque côté de celle-ci. Lorsque la kundalini est complètement éveillée et s'élève vers le cerveau, nous devenons un être divin dans le monde physique. Ne vous empressez pas à dire que vous avez éveillé votre kundalini.

Lorsque nous faisons le pranayama, l'air circule dans les poumons selon la trajectoire naturelle. L'attention suit une autre direction, et nous récitons un court mantra. Une partie du prana descend le long de la colonne vertébrale, jusqu'au chakra de la base, et souffle sur le feu de la kundalini pour l'éveiller.

La technique du pranayama est une composante essentielle à toutes les autres techniques qui suivent. Il est essentiel que vous relisiez ce chapitre et que vous développiez une expertise à la pratique du pranayama.

Augmentation de la puissance

Les capacités surnaturelles sont toutes basées sur notre capacité d'influencer la nature avec notre Esprit. D'abord, nous avons appris comment percevoir le monde spirituel ainsi que les différents plans d'existence afin que nous puissions voir et comprendre ce que nous faisions. Ceci étant partiellement accompli, nous allons maintenant nous attarder à l'élaboration d'outils qui serviront à travailler avec la conscience. À partir de maintenant, nous dépasserons le stade de la perception passive et progresserons à l'étape de la manifestation active.

Les outils spirituels sont conçus avec des énergies variées et sont moulés par la conscience. Certains outils agissent sur le plan mental et sont faits de pensées pures. D'autres outils agiront au plan émotionnel et sont faits d'émotions conscientes. Pour influencer le plan vital, des outils énergétiques puissants sont requis. Mais pour influencer le plan physique, nous ne souhaitons pas utiliser d'outils physiques, puisqu'il ne s'agirait plus de moyens surnaturels. Pour influencer le plan physique de manière surnaturelle, nous devons développer des outils qui existent à tous les autres niveaux, traversant le plan vital, le plan émotionnel et le plan mental, jusqu'à la conscience.

Pour poursuivre sur le sentier des capacités surnaturelles, nous devons augmenter notre propre puissance au moyen des matériaux de base qui nous permettra de fabriquer ces outils. En nous chargeant de ces énergies, nous fabriquons également des outils de base.

Les 5 éléments

Les cinq éléments sont plus que les éléments tangibles auxquels nous pensons lorsque nous parlons de la terre, du feu, de l'esprit, de l'eau et de l'air. Les cinq éléments spirituels font référence à leur concept respectif plutôt qu'à leur manifestation physique. Nous expliquerons les concepts à contempler pendant que vous chargez les mantras des cinq éléments. Les concepts suivants sont ceux auxquels j'aime faire référence en parlant des cinq éléments de base, en parlant du cœur de leur énergie.

Pour chacun des cinq éléments, vous ferez une charge de type 9 X 12, récitant 9 malas, ou 35 minutes, chaque jour pendant 12 jours. Le processus est légèrement plus rapide en utilisant un mala qu'en comptant 35 minutes lorsque vous êtes habitués à réciter les mantras.

Chacun des mantras des cinq éléments invoque l'assistance de concepts divins que la plupart des gens appellent dieux. Nous ne croyons pas qu'il existe de personnes humaines dans les formes personnelles de Bhumidevi, Agni, Shiva, Durga, Hanuman... Il s'agit de représentations des plus grandes forces qui agissent dans l'Univers, et ces mantras utilisent les approches hindoue et bouddhiste afin d'invoquer leur intervention. Il n'existe aucun processus des éléments qui n'invoque pas l'aide des forces divines. Cependant, tous peuvent appeler ces forces divines en utilisant les noms qui correspondent à leur propre système de croyances.

Les différentes traditions classent les cinq éléments de différentes manières. Elles ont toutes leurs manières propres d'associer les doigts à chacun des éléments, et elles sont toutes convenables. Nous vous recommandons de n'apprendre qu'un système de combinaison doigt/élément, mais en utiliser deux est acceptable, si vous pouvez mentalement passer de l'un à l'autre sans confusion. Le kuji-in (pratique japonaise du vajrayana bouddhiste) utilise le système doigt/élément japonais, alors que nous utiliserons le système hindou / bouddhiste d'origine. En utilisant une technique, utilisez le système digital qui lui est associé et changez ce système lorsque vous utilisez une technique qui a été développée pour un autre système.

Pour utiliser un exemple simple, le pouce représente l'élément Néant dans le système japonais et l'élément Terre dans le système hindou. Cependant, les deux sont réputés pour favoriser la santé mentale. Les Japonais associent l'air à l'index et les Hindous y associent plutôt le feu. Cependant, les deux sont utilisés pour décrire l'expression du pouvoir. Ayez l'esprit ouvert en utilisant différentes méthodes d'origines variées. Elles sont toutes efficaces, autrement elles n'auraient pas survécu au fil des siècles.

Les bouddhistes japonais ont classifié les éléments selon leur densité : solide (terre), liquide (eau), gazeux (air) et igné (feu) et énergie pure (néant). Les Chinois voyaient les éléments selon leur utilité pour fabriquer d'autres objets. Puisque l'air n'entre dans la composition d'aucun objet, il n'est pas présent dans le système chinois des éléments : terre, bois, feu, métal, eau.

Les Hindous et Bouddhistes d'origine voyaient les éléments selon leurs concepts spirituels : génération (terre), élévation (feu), sommet de l'existence (cieux), circulation (eau) et expansion (air). Les éléments hindous sont les plus spirituels, conceptuels, abstraits et difficiles à comprendre de tous les systèmes d'éléments. C'est la raison pour laquelle nous utiliserons ce système pour nous exercer, puisque ce système procure également les effets les plus puissants et les plus immédiats, car il invoque la présence des forces divines. C'est le seul système qui affirme la dépendance de la création envers son créateur. Nous utiliserons également ce système hindou/bouddhiste de combinaison doigt/élément :

Pouce : terre
Index : feu
Majeur : cieux
Annulaire : eau
Auriculaire : air

Un jour, un étudiant m'a demandé s'il était acceptable de charger plus d'un mantra à la fois et s'il pouvait utiliser un autre système de combinaison doigt/élément pour charger les mantras des éléments hindous. Il s'était entraîné pendant des années avec le système de combinaison doigt/élément du ninjutsu. Voici ce que fut ma réponse :

Concernant la charge de plus d'un mantra à la fois, vous pouvez le faire en suivant cette règle simple. En chargeant des mantras provenant de séries (comme les éléments) vous devez être certain de commencer la charge de manière à avoir terminé chacun des mantras avant de terminer celui qui lui succède. Commencez le mantra du feu après avoir commencé le mantra de la terre de manière à terminer le mantra du feu après avoir terminé celui de la terre. Cela signifie également que si vous chargez les éléments terre et feu au cours de la même période de 12 jours, vous devrez simplement faire le mantra de la terre en premier, suivi du mantra du feu. Le même principe s'applique pour le chargement des mantras du Kuji-In (ne pas faire les mudras du Kuji-In lorsque vous manipulez un mala). Nous ne chargeons pas les mantras des Siddhis, qui se trouvent plus loin dans ce livre.

En ce qui concerne les systèmes de combinaison doigt/élément, il existe environ 20 types, tous différents les uns des autres, selon la tradition. Aucun n'est supérieur ni inférieur aux autres. Lorsque vous utilisez deux systèmes ésotériques qui emploient des combinaisons doigt/élément différentes, voici quelques options :

- Vous devez apprendre les deux si vous souhaitez les utiliser tous les deux à l'avenir aux fins de guérison. Vous devrez utiliser les deux de temps à autre afin de les garder actifs, et faire la transition mentalement au système choisi lorsque nécessaire.

OU

- Si vous acceptez le fait que vous n'allez utiliser que le système de mantras hindous pour charger votre système énergétique et faire le reste du travail intérieurement, vous pouvez utiliser le système de combinaison doigt/élément de votre choix.

OU

- Si vous souhaitez utiliser les mantras hindous des éléments pour guérir autrui, vous devrez recharger avec le système hindou si vous avez préalablement chargé en utilisant un autre système.

OU

- N'utilisez aucun système, mais plutôt toute la paume de votre main pendant que vous guérissez les gens au moyen du système de mantras hindou. C'est une pratique légèrement moins efficace, mais elle peut éviter une certaine confusion si vous ne souhaitez pas utiliser plusieurs systèmes de combinaisons doigt/élément.

OU

- Chargez les mantras des éléments hindous en utilisant votre système de combinaison doigt/élément préféré, et souvenez-vous d'utiliser le doigt que vous avez associé à chaque élément lorsque vous apprendrez à guérir en utilisant les mantras des éléments hindous. Ceci diminue également quelque peu l'efficacité.

Pour éviter toute cette confusion, nous recommandons habituellement de réapprendre un nouveau système, et de faire la transition mentalement lorsque nécessaire, mais si vous êtes capable de composer avec cette dualité, utilisez le système que vous préférez. Cependant, la manière la plus efficace de guérir ou d'utiliser les mantras hindous est d'utiliser le système de combinaison doigt/élément hindoue qui a été préalablement chargé ainsi. À partir de là, faites vos propres choix.

La partie la plus importante de toutes ces techniques est l'énergie invoquée, l'attitude mentale et l'attention dirigée avec la conscience. Maintenant que vous savez ceci, vous êtes en mesure de mieux comprendre comment composer avec ces différents systèmes. J'ai personnellement appris deux systèmes : le système japonais Vajrayana, et le système des éléments hindous. Cependant, la plupart de mes étudiants préfèrent n'utiliser qu'un seul système à la fois. Choisissez pour vous-même et assumez les exigences. Si vous apprenez un jour la technique de guérison des éléments hindous, vous devrez transposer chacun des doigts que je mentionne au système que vous avez chargé.

Voici maintenant le moment venu de passer au système des mantras des éléments hindous.

Terre

La plupart des gens voient la terre comme un symbole de stabilité, alors que le concept spirituel de la terre est la génération. La stabilité est liée surtout au symbole de la pierre, qui fait partie de l'élément terre. De la terre provient la vie et la terre contient tous les métaux impliqués dans les champs électromagnétiques. La terre englobe le concept de stabilité, mais va bien au-delà. L'élément terre est l'élément le plus important à conserver élevé dans votre système énergétique. Il est à la base de la création et est également à la base de la santé mentale. Avez-vous déjà vu une personne « terre-à-terre » avec une maladie mentale? La plupart des gens souffrant de maladie mentale ne sont pas connectés à l'élément terre.

Pendant que vous chargez l'élément terre, ou que vous récitez simplement le mantra, pensez au concept qui donne la vie, la génération des plantes et le soutien des champs électromagnétiques. L'élément terre stabilisera et purifiera votre chi, votre énergie vitale. Il nourrira des cercles de protection autour de vous, sur le plan physique et spirituel.

Le mantra de la terre : Om prithividhatu Bhumideviya

Om : Syllabe divine
Prithivi : la terre, le sol
Dhatu : la nature de, l'aspect de
Bhum : la Terre, la planète
Devi : divinité
Ya : association grammaticale

Le mantra de la terre invoque l'énergie de la nature terrienne de l'être divin qui est notre planète. Les adeptes de toutes les traditions peuvent réciter ce mantra et respecter à la fois leur tradition. La traduction anglophone ressemblerait à « nature terrienne de la déesse Terre ».

Après avoir chargé le mantra de la terre, vous serez en mesure d'invoquer les énergies de protection chaque fois que vous récitez le mantra mentalement ou à voix haute. Votre santé mentale augmentera. Votre paranoïa disparaîtra. Votre chi / force vitale circulera harmonieusement dans votre corps. L'élément terre est essentiel avant de pouvoir progresser vers d'autres entraînements qui concernent l'interaction avec le monde matériel.

Le mudra de la terre : Si vous êtes assis, fermez doucement votre main gauche pour faire un poing, puis touchez légèrement le sol avec le bout de votre pouce. Faites de même avec la main droite si vous ne tenez pas de mala. Si vous êtes debout, faites le même mudra en tournant votre poing de manière à ce que votre pouce pointe vers le bas. Ceci amplifiera votre contact avec la terre.

Charge augmentée : Si vous souhaitez charger le mantra de la terre avec une intensité accrue, mettez votre pouce gauche dans un petit bol de terre à jardinage lorsque vous chargez le mantra. Si vous pouvez le faire dehors sans être dérangé, placez votre pouce directement dans le sol.

Feu

L'élément feu n'est PAS le concept de la destruction par le feu, bien qu'il puisse être utilisé pour une telle application, principalement lors d'un processus de purification. La véritable forme de l'élément feu n'est pas destructrice. Le feu se matérialise à partir de certains niveaux vibratoires et progresse à un niveau encore plus élevé. Le feu élève les énergies, purifiant celles qui sont denses et stagnantes et les transformant en énergies de nature plus élevée, libérant les circuits énergétiques de toute obstruction. Le feu amène également le changement et le renouveau.

Dans la nature, nous pouvons observer comment le feu transforme les composés solides en formes liquides ou gazeuses. Il altère la structure moléculaire et la composition chimique des composants. Le feu génère de l'énergie et augmente la puissance de tous les autres processus.

Lorsque vous utilisez le mantra du feu, contemplez les forges génératrices de puissance, ainsi que l'effet d'élévation.

Le mantra du feu : Om Tejasdhatu Agnaya

Om : Syllabe divine
Tejas : Puissance, énergie, force associée au feu
Dhatu : la nature de, l'aspect de
Agni : Feu, à la fois la forme et la Divinité (ici, Agnaya)
Ya : association grammaticale

Agni n'est pas une Divinité limitée à quelque tradition que ce soit. Elle est plus répandue dans la tradition hindoue, mais elle représente simplement le feu sous forme d'une force naturelle intelligente. De toutes les forces de la nature, celle du feu est la plus puissante. Le mantra signifie quelque chose comme « Nature puissante du Feu ». En sanskrit, nous écrivons parfois le mot « Feu » en utilisant le mot « tejas », parfois en utilisant le mot « angi ».

Le mudra du feu : Déposez votre main sur votre genou ou sur votre cuisse, paume vers le haut. Touchez le bout de votre index avec le bout de votre pouce. Faites cela avec la main gauche si vous utilisez un mala, sinon faites-le avec les deux mains.

Charge augmentée : Fixez une flamme du regard, ou l'image d'une flamme, ou un symbole de feu, pendant toute la durée de la charge tout en évitant de cligner des yeux autant que possible.

Ciel/Esprit

L'élément Ciel/Esprit est de nature spirituelle, la plus élevée qui soit. Il invoque l'action de Dieu dans votre vie. Il s'agit de l'élément spirituel. Il s'agit de l'outil de toute activité spirituelle. Charger ce mantra élève votre conscience. Si vous n'êtes pas déjà né (existant pleinement) au plan spirituel, ce mantra en accélèrera le processus.

Le mantra du Ciel : Om Akashadhatu Shivaya

Om : Syllabe divine
Akahsa : Divin, le plan spirituel
Dhatu : La nature de, l'aspect de

Shiva : Seigneur Shiva, troisième entité de la trinité hindoue
Ya : Association grammaticale

Shiva est le troisième concept personnifié de la Sainte Trinité. Alors que les Chrétiens nomment le « Père, le Fils et le Saint-Esprit », les Hindous parlent de « Bramha, Vishnu et Shiva ». Les Bouddhistes nommeraient la trinité de leurs concepts « Amitabha, Mahastamaprapta, Avalokiteshwara ».

Si vous n'êtes pas à l'aise de prier Shiva en utilisant le mantra original hindou, vous pouvez réciter le mantra en utilisant le nom Chrétien du Saint-Esprit en Sanskrit de cette manière : Om Akashadhatu Baghavaatman, ou utiliser l'équivalent de Shiva dans la tradition bouddhiste : Om Akashadhatu Avalokiteshwara

Le mudra du ciel : touchez le bout de votre majeur avec le bout de votre pouce.

Charge augmentée : Regardez doucement vers le haut pendant que vous chargez ce mantra. Vous pouvez également contempler un symbole spirituel, ou une statue de votre Dieu.

Eau

La vie prend naissance dans l'eau. La vie est la substance dans laquelle toute vie prolifère. L'eau façonne la terre. L'eau est l'élément qui représente les entrailles de l'univers. Tout fait partie d'une forme d'eau de nature supérieure qui englobe, pénètre et investit l'univers en entier. Il n'existe aucune matière sans cette eau primordiale. Elle est la lumière infinie de la création, sous forme tangible. Elle est la constituante de base du chi et de la force vitale.

Le processus de l'eau vous connecte à la vie, au mouvement et à l'univers. C'est dans cette eau primordiale que nous étendons notre conscience. Charger le mantra de l'eau nous connecte au flot vital. Elle purifie notre corps, notre cœur et notre mental. Elle soulage nos douleurs, elle veille sur nous.

Le mantra de l'eau : Om Apsadhatu Durgaya

Om : Syllabe divine
Apsa : Eau
Dhatu : la nature de, l'aspect de
Durga : Mère Divine, épouse de Shiva, tradition hindoue
Ya : Association grammaticale

Le nom Durga (ya) peut être remplacé par le nom chrétien de la Mère Divine, Maria (ya), ou le nom bouddhiste Tara (ya).

Le mudra de l'eau : Touchez le bout de l'annulaire avec le bout du pouce.

Charge augmentée : Placez votre main gauche dans un bol d'eau fraîche, ou faites le processus de chargement dans un bain.

Après avoir chargé le mantra de l'eau, les effets se feront sentir naturellement. Votre niveau d'énergie (de vie) augmentera. Votre cœur sera plus stable et votre mental deviendra plus flexible. Charger le mantra de l'eau décuple vos capacités de guérison. Elle soutient toutes les manifestations.

Air

C'est par l'air que l'information se partage et que les mouvements se produisent. L'air soutient toute forme de vibration tout en étant l'élément qui les modifie le moins. L'air laisse passer la lumière et est le médium dans lequel le son se déplace. Le mantra de l'air favorise l'accessibilité à l'information par votre mental et autres sens. Elle vous aide à percevoir de toutes les manières possibles. Elle joue également un rôle dans tous les types de voyage et de mouvement. Le mantra de l'air affranchira également votre esprit de toutes pensées limitatives. Il élargira votre perception de l'univers et de vous-même.

Le mantra de l'air : Om Vayudhatu Hanumantaya

Om : Syllabe divine
Vayu : Air / vent
Dhatu : la nature de, l'aspect de
Hanumanta : Fils d'Hanuman, le dieu singe
Ya : Association grammaticale

Le mental est tel un singe, sautant constamment, partout. Nous visons la maîtrise de notre mental afin que nos pensées deviennent précises, pointues. Le dieu singe hindou Hanuman n'est pas une personne, mais une représentation du mental maîtrisé, ou le mental sous notre propre contrôle et dominé par notre Esprit. Hanumanta est le fils d'Hanuman, ou le résultat d'avoir réussi à maîtriser sa pensée. C'est le symbole de la pensée, de la concentration, et son affranchissement des fausses croyances. Si vous ne souhaitez pas prier le dieu hindou Hanumanta, vous pouvez le remplacer par l'esprit de la pensée pure, nommé Cittaamala Sattva : Om Vayudhatu Cittaamalasattva

Le mudra de l'air : Touchez le bout de votre auriculaire avec le bout de votre pouce

Charge augmentée: Chaque jour, faites trois malas au lever du soleil, ou peu après, trois autres au couché du soleil, puis trois autres à minuit.

Charger les cinq éléments peut requérir aussi peu que soixante jours, si vous faites 9 malas par jours pendant 12 jours, pour les cinq éléments l'un après l'autre. Charger les cinq éléments éveillera tous les aspects de votre spiritualité et procurera une sorte de sagesse biologique à votre corps. Cela ouvrira des portes spirituelles, libèrera certains blocages, purifiera vos énergies.

Les cinq éléments sont une partie importante pour enseigner à votre mental, votre cœur et votre esprit à interagir avec la nature et à aller au-delà de ses limites illusoires. La nature fut créée avec les concepts spirituels des cinq éléments et elle est toujours sous l'influence des forces des éléments.

Charger les cinq éléments vous procurera les outils de base requis pour progresser beaucoup plus rapidement dans d'autres entraînements, qu'ils soient physiques, mentaux ou spirituels. Il est également conseillé de faire ce processus avant d'entreprendre le sentier du Siddhi. Après avoir chargé les cinq éléments, il est conseillé de faire des malas d'activation ou de soutien afin de préserver leurs énergies actives et intenses dans votre corps. De temps à autre, faites cinq malas d'affilés, un mala pour chacun des éléments.

Les cinq éléments doivent être pleinement chargés avant que vous puissiez commencer à les utiliser. Jusqu'à ce que vous appreniez à bien vous servir de ces énergies, ne le faites que pour vous-même. Ceci soutiendra n'importe quelle autre action spirituelle que vous poserez. Après avoir découvert les bénéfices des énergies des éléments, vous pouvez les utiliser pour traiter d'autres personnes qui ont une carence en ces énergies soit par le toucher ou par transmigration. Suite à un traitement, vous devez purifier vos propres énergies. Le temps que vous avez mis à traiter l'autre devrait être équilibré par une durée égale à réciter le même mantra de l'élément en mettant vos mains en contact avec la terre. Ceci purifiera vos énergies à nouveau.

Conservez toujours l'énergie des « cieux » pour vous-même. Celle-ci est personnelle et ne procurera de toute manière aucun bénéfice à autrui.

Le système des chakras

Chaque chakra est un centre énergétique majeur du corps et chacun est lié à un aspect de notre vie. Ce ne sont pas des tubes ni des canaux, comme nous aimerions l'imaginer. Ce sont des organes et ils ne sont pas creux. Ce livre n'a pas pour objectif de vous présenter le système des chakras. Vous devriez vous familiariser avec celui-ci par le fruit de vos propres recherches. Internet fourmille d'information à ce sujet. Ici, nous ne faisons que résumer chacun des chakras pour vous afin que vous sachiez à quel endroit porter votre attention lors d'instructions futures.

Chacun d'eux possède une fonction primaire. Vous apprendrez à les connaître au fur et à mesure que vous gagnerez en expérience avec le système des chakras. Elles seront décrites en conjonction avec les techniques qui les activent. Les chakras principaux sont au nombre de sept.

1- Chakra de la base : il se trouve à la base de l'épine dorsale; de la base du bassin devant le corps jusqu'au coccyx. Le Chakra de base couvre ainsi toute la base du corps, centré au périnée, entre votre anus et vos organes sexuels.

2- Chakra du nombril : se trouve à environ un pouce en dessous du nombril.

3- Chakra du plexus solaire : situé au plexus solaire, juste en dessous du sternum.

4- Chakra du cœur : en plein centre du sternum, devant le cœur.

5- Chakra de la gorge : localisé juste au-dessus du sternum, à la base de la gorge.

6- Chakra du troisième œil : se trouve entre les sourcils.

7- Chakra de la couronne : situé sur le dessus de la tête, son point central étant directement sur le dessus de celle-ci, il s'étend pour couvrir une partie de la tête, entourant le front et l'arrière du crâne.

Un autre chakra important est appelé « La Porte de Jade ». Il est situé derrière la tête sur la crête osseuse à l'arrière du crâne.

Juste derrière le chakra du nombril, au centre du corps, à l'intérieur du bas de l'abdomen se trouve une région appelée « dan-tian » en médecine chinoise; nous y ferons référence au cours de nos pratiques. C'est à cet endroit que l'énergie du corps est amassée et emmagasiné pour usage ultérieur.

Il n'est pas nécessaire de vous souvenir de tous ces Chakras pour le moment. Nous vous donnerons toute l'information dont vous aurez besoin à propos des Chakras au fil des pages de ce livre.

Trois soleils

Les trois soleils ne sont en fait qu'un seul, perçus à trois différents endroits du corps, de trois manières différentes, contemplant trois concepts philosophiques. Il ne s'agit tout de même que d'un seul soleil. La technique est assez simple. Asseyez-vous et préparez-vous à méditer.

Premier soleil : Commencez en visualisant un soleil glorieux dans votre troisième œil. Si vous avez de la difficulté à le faire, vous pouvez imaginer un soleil distant qui s'approche peu à peu de vous pour terminer son approche entre vos sourcils. Gardez cette vision d'un soleil glorieux dans votre troisième œil. Physiquement, regardez légèrement vers le haut, sans faire d'effort, afin de focaliser sur votre troisième œil. Récitez mentalement le mantra « OOOOOMMMMMMMMMM »

Le plus haut niveau d'énergie divine résonne avec le mantra OM. Faites cette technique uniquement au moins une fois pendant 20 minutes, avant de progresser au second soleil.

Second soleil : Après avoir fait une simple méditation de 20 minutes avec le premier soleil, vous pouvez vous affairer à activer le second. Commencez en visualisant une fois le premier soleil dans votre troisième œil, puis récitez le mantra OM. Gardez vos yeux physiques légèrement orientés vers votre troisième œil. Ensuite, visualisez un soleil radieux au niveau de votre plexus solaire. L'objectif est de garder le soleil glorieux dans votre troisième œil ainsi que l'énergie du soleil radieux dans votre plexus solaire. Utilisez l'image mentale que vous souhaitez pour différencier un soleil glorieux d'un soleil radieux. Si vous avez de la difficulté à garder les deux soleils dans votre esprit, alternez entre les deux. Vous utiliserez maintenant le mantra « Om Vajra ».

L'énergie la plus élevée du monde spirituel est appelée Vajra. C'est une lumière permanente et indestructible. Lorsque comparée à la pierre, c'est un diamant. Lorsque comparée au métal, c'est de l'adamantium. Lorsque comparé à un phénomène naturel, c'est un éclair. Le « V » du mot Vajra est un « V » percuté qui sonne presque comme un « B ». Prononcer le mantra « Bajra » serait exagérer, mais chez certaines communautés hindoues, ce mot est prononcé Bajra même si son orthographe est Vajra.

Le mantra OM est associé au premier soleil, glorieux et divin, dans le troisième œil. Le mantra Vajra est associé au second soleil, radieux, dans le plexus solaire. Gardez ces deux images du soleil simultanément, ou alternez de l'une à l'autre jusqu'à ce que vous puissiez avoir les deux à l'esprit simultanément. Faites au moins 20 minutes de méditation avec les deux premiers soleils.

Troisième soleil : Invoquez le premier soleil dans votre troisième œil. Récitez mentalement le mantra OM. Faites une pause de quelques secondes. Ensuite, invoquez le second soleil dans votre plexus solaire. Récitez mentalement le mantra Om Vajra, puis faites une seconde pause. Maintenant, au niveau de votre chakra de la base, visualisez un soleil de magma thermique. Tout en gardant l'image des trois soleils dans votre esprit, partageant votre attention à chacun des chakras associés (troisième œil, plexus solaire, chakra de la base), récitez mentalement le mantra « Om Vajra Agni ».

La force énergétique la plus élevée dans la nature est le feu. Le feu se prononce « Agni » en Sanskrit. Chacune des quatre lettres de A-G-N-I devrait être prononcée distinctement lorsque vous récitez le mantra Agni. Certaines langues combinent les lettres « gn » en un son distinct. Ce n'est pas le cas en Sanskrit, donc le « G » et le « N » devraient être distincts, ne serait-ce qu'un peu, lorsque vous récitez le mantra.

Gardez l'image des trois soleils à la fois en tête. Lorsque vous serez habitués, tentez d'imaginer qu'il s'agit du seul et même soleil, représenté en trois endroits, chacun ayant ses qualités propres. Le soleil divin glorieux, le soleil radieux d'énergie spirituelle et le soleil naturel de magma thermique.

Lorsque vous êtes prêt, vous pouvez charger le mantra « Om Vajra Agni » selon la méthode des 9 malas par jour pendant 12 jours, ou 3 malas par jour pendant 36 jours.

Vajrayana

Le Bouddha n'était pas Bouddhiste, mais Hindou. Il parvint à l'illumination en étudiant les Védas, en pratiquant la méditation et le yoga. Parmi les pratiques ésotériques bouddhistes se trouve une influence très forte de l'hindouisme. Ce qui est maintenant appelé Vajrayana, ou le véhicule de Vajra, était autrefois une série de rituels pour le dieu hindou Indra, qui détient la puissance du Vajra. Les Bouddhistes, souhaitant davantage contempler l'être intérieur plutôt que les dieux extérieurs, ont supprimé toute référence à Indra pour les remplacer par des références à plusieurs Bouddhas qui enseignent la voie du Vajra.

La sagesse ésotérique du Vajrayana s'est propagée à partir de l'Inde, comme toute autre tradition bouddhiste, vers la Chine, le Tibet, le Japon et tous les autres pays avoisinants. Les gens les plus érudits en matière de Vajrayana sont les Tibétains. Cependant, une technique spécifique de Vajrayana, composée de neuf mudras et mantras, trouva davantage d'adeptes en Chine et au Japon. Cette méthode vint à être connue sous le nom de « kuji-in » au Japon, et était appliquée par les guerriers autant que les prêtres pour son efficacité à éveiller la puissance du Vajra chez l'adepte.

Nous allons résumer rapidement le processus de kuji-in. Ceux qui souhaitent en découvrir davantage peuvent trouver plus d'information sur le site web www.kujiin.com.

Survol de la méthode de kuji-in

Le terme kuji-in est une traduction du Japonais qui signifie « Neuf Syllabes ». Le chiffre neuf est le chiffre qui symbolise l'achèvement dans le système bouddhiste. Vos mains sont vos outils principaux pour ces pratiques, et chaque positionnement des mains (mudra) est combiné à un son spécifique (mantra), une visualisation (mandala) ainsi qu'à un exercice de respiration qui complète la technique. Ainsi, chaque technique se compose d'un mudra / mantra / mandala, que nous appellerons NIVEAUX à partir de maintenant. La technique du kuji-in est composée de neuf NIVEAUX.

Dans les pratiques de kuji-in, vous combinerez ces éléments (mouvements {mudra} ; son {mantra} ; pensée {mandala/mental}) afin de manifester ce que vous souhaitez. (Encore une fois, souvenez-vous que votre objectif pour le moment consiste à faire ces pratiques quotidiennes pour le simple plaisir de les apprendre et de prendre contact avec votre Être divin). Pour chaque NIVEAU, vous ferez les signes manuels (mudra), répéterez les paroles (mantra) et visualiserez l'effet du niveau au meilleur de votre habileté (mandala/mental). Commencez par le premier niveau, (le mantra RIN), en utilisant uniquement ce mantra monosyllabique. Répétez-le mentalement, tout en positionnant vos mains selon le mudra et en centrant votre esprit sur le concept associé avec le mudra / mantra. Concentrez-vous sans effort conscient. Laissez votre mental se fixer de lui-même sur cette pensée et ne vous jugez pas sévèrement s'il dérive dans toutes les directions. Revenez simplement à votre pratique de façon sereine et paisible.

Ne faites pas le prochain niveau avant d'être à l'aise avec les trois parties de la première : apprenez à utiliser vos mains (mudra) avec aisance, de même pour la récitation des mots (mantra) et visualisation mentale (mandala). Lorsque vous maîtrisez les trois parties d'un même niveau et que vous sentez qu'il est en train de se passer quelque chose au niveau des énergies, vous pouvez progresser au niveau suivant. Chaque niveau peut vous prendre aussi peu qu'une journée à compléter, d'autres peuvent prendre des mois d'entraînement quotidien avant de remarquer quoi que ce soit. Les périodes de pratiques peuvent varier en durée, allant de cinq minutes à une heure, chaque jour. Si vous ne ressentez rien après quelques jours de pratique, passez au niveau suivant. Vous sentirez éventuellement les énergies agir sur votre corps.

Quand vous arrivez au neuvième niveau, vous commencerez à apprendre des mantras plus complexes; il s'agit de prières complètes. À ce carrefour, la meilleure chose que vous puissiez faire est de repartir au bas de l'échelle. Ceci améliorera grandement vos pratiques de kuji-in et les forces divines seront plus disponibles à vous pendant vos pratiques. Cette forme de mantra est une prière, elle doit donc être prononcée à répétition, avec foi. Dites-la de la même façon dont vous diriez n'importe quelle phrase qui mérite d'être dite avec révérence. Il s'agit de Vous-Même que vous priez après tout.

Avant de commencer chaque période de pratique, faites quelques minutes de respiration générale. Ensuite, pour chaque période de pratique, commencez par le premier niveau (RIN) et poursuivez avec chacun des niveaux, en séquence, pendant une minute complète, le tout suivi du prochain niveau (pendant une minute), l'un après l'autre, jusqu'à ce que vous parveniez au niveau que vous êtes en train d'apprendre. Vous pouvez pratiquer le niveau sur lequel vous êtes en train de travailler aussi longtemps que vous voulez.

Après avoir fait le processus d'apprentissage du système du kuji-in en entier, une période de pratique normale peut être faite en trente minutes, comme ceci : une minute de respiration, trois minutes par niveau (pour un total de 27 minutes), et deux minutes de contemplation silencieuse. Vous pouvez ensuite méditer pendant une seconde période de 30 minutes pour élever votre conscience.

Dans la présentation suivante, la première photo démontre la meilleure façon de faire chacun des exercices et la seconde vous démontre la bonne position des doigts pour cet exercice.

Les instructions de chaque mudra sont suivies par le chakra associé avec ce kuji, la prière concordante qui doit être prononcée ainsi que les concepts et bénéfices associés avec la pratique de ce niveau.

Voici la liste des 9 niveaux du kuji-in avec leur titre japonais, chacun décrit avec ses bénéfices.

1- RIN – Renforce les aspects positifs des plans énergétiques, physiques et mentaux.
2- KYO – Augmente le flot de saine énergie ainsi que la maîtrise de celle-ci.
3- TOH – Augmente votre relation positive avec l'Univers, aboutissant en une meilleure harmonie et un meilleur équilibre.
4- SHA – Favorise la guérison et la régénérescence.
5- KAI – Développe l'intuition, les sens, la prémonition.
6- JIN – Augmente les capacités télépathiques, la communication et la connaissance
7- RETSU – Augmente votre perception et maîtrise de l'espace-temps.
8- ZAI – Favorise une relation avec les Éléments de la création.
9- ZEN – Résulte en l'illumination, la complétude et l'invisibilité suggestive.

Bien que les seules caractéristiques apparentes soient la position assise commune ainsi que différentes figures faites avec les mains, cette méthode des « *Nine Hand Seals* » combine cinq différents outils :

- Une position des mains, appelée « mudra » en sanskrit
- Une expression dite à vois haute, appelée « mantra » en sanskrit
- Une focalisation sur une partie du corps, appelée « chakra » en sanskrit
- Une visualisation mentale, appelée « mandala » en sanskrit
- Un concept philosophique sur lequel se concentrer

1- RIN

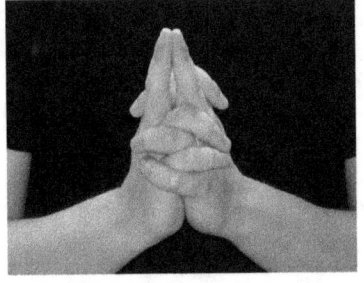 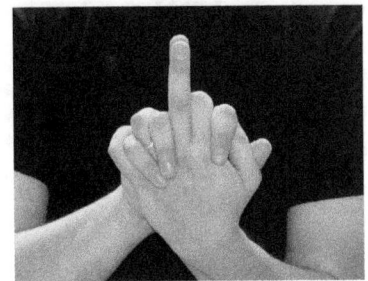

Pointez vos majeurs et entrelacez vos autres doigts.

Chakra: Base
Mantra: Om vajramanataya swaha

Le niveau RIN est utilisé pour renforcer votre corps et votre mental. Ce niveau de kuji-in doit être exécuté avant que tout autre niveau de kuji-in ne soit réellement efficace. Le kuji RIN agit un peu comme une « prise » sur laquelle nous pouvons nous « brancher » pour accéder à la Source Ultime de tout Pouvoir. En vous connectant à cette énergie Divine, le kuji RIN renforce votre corps et votre mental, surtout en collaboration avec les autres pratiques du kuji-in. Une connexion plus forte à la source d'énergie Divine vous rendra plus fort à tous les niveaux. Soyez conscient que ce niveau peut élever votre température corporelle.

2- KYO

 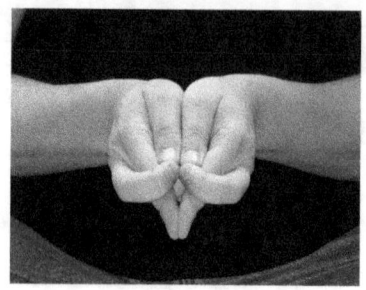

Pointez vos index et repliez vos majeurs sur vos index de manière à ce que vos pouces se touchent. Entrelacez tous vos autres doigts.

Chakra : Hara/Nombril
Mantra : Om ishaanayaa yantrayaa swaha

KYO active le flot d'énergie tant à l'intérieur de votre corps qu'à l'extérieur, dans votre environnement. Ce kuji vous aidera à apprendre à diriger l'énergie dans tout votre corps afin que vous puissiez manifester vos désirs dans le monde objectif. Bien que la volonté puisse diriger l'énergie, ne faites pas trop d'effort en ce sens. La volonté qui est utilisée pour diriger l'énergie devrait être comparable à « désirer énormément quelque chose » plutôt que « maintenir une poigne ferme ou de pousser avec une force extrême ». Même lorsque vous utilisez votre volonté pour acquérir quelque chose que vous désirez, vous devez toujours demeurer en paix et détendu.

3- TOH

Pointez votre pouce ainsi que les deux derniers doigts de vos deux mains tout en gardant vos index et vos majeurs entrelacés entre vos mains.

Chakra : Dan-tian, entre le hara et le plexus solaire
Mantra : Om jitraashi yatra jivaratna swaha

En pratiquant le TOH, vous développez votre relation avec votre environnement immédiat, pour finalement arriver à le développer avec l'univers en entier. Tout en faisant vos pratiques, commencez à vous charger d'énergie et ensuite entourez-vous de cette énergie (vous y arriverez en le visualisant). Il s'agit là du kuji de l'harmonie. Il vous enseigne à accepter les événements extérieurs, tout en demeurant en paix à l'intérieur. Respirez toujours profondément avec votre abdomen, naturellement, sans effort.

4- SHA

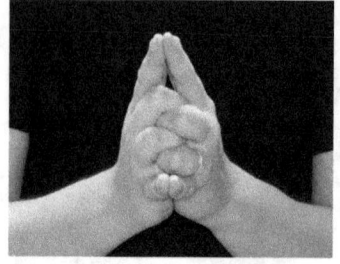 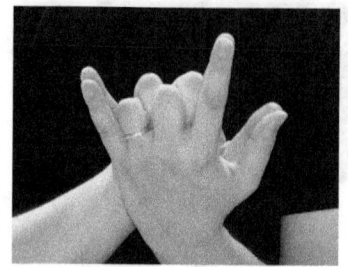

Pointez vos pouces, vos index et vos auriculaires et entrelacez vos majeurs et annulaires entre vos mains.

Chakra : Plexus solaire
Mantra : Om haya vajramaantayaa swaha

Avec ce kuji, votre corps voit ses capacités de guérison augmentées. En pratiquant ce niveau, votre corps récupère et guérit plus rapidement. Cette capacité accrue de guérison et de récupération résulte des plus grands niveaux d'énergies qui circulent dans vos canaux énergétiques (méridiens) ainsi que dans votre plexus solaire. Cette vibration bénéfique émanera de vous éventuellement, aidant également les gens que vous côtoyez à guérir alors que vous passez davantage de temps en leur compagnie.

5- KAI

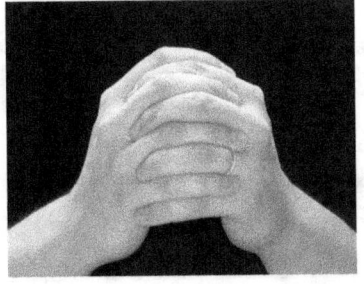 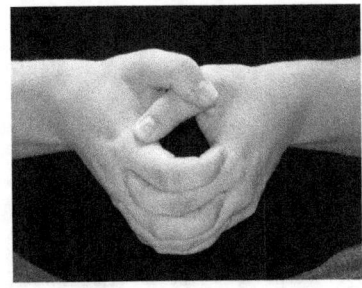

Entrelacez tous vos doigts, le bout de vos doigts appuyés à la racine du doigt oppose.

Chakra : Coeur
Mantra : Om namah samanta vajranam ham

Ce kuji augmentera votre état de conscience et contribuera à développer votre intuition. Le mudra s'appelle « les liens extérieurs ». Les liens extérieurs sont des courants énergétiques qui précèdent tout événement, ne serait-ce que pour un très court moment. Ce sont les influences directes provenant du monde extérieur et sont à la source de toutes vos expériences.

L'intuition est une alliée puissante, il s'agit de ce que vos sens perçoivent de vos interactions avec votre environnement ainsi qu'avec les gens qui vous entourent. Ce niveau augmentera votre intuition et vous aidera à apprendre à vous aimer ainsi qu'à aimer ceux qui vous entourent.

6- JIN

 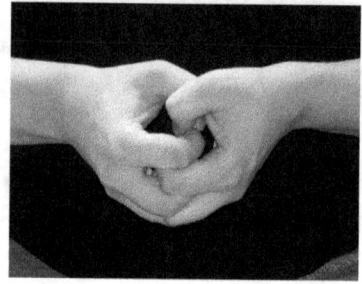

Entrelacez tous vos doigts, la pointe des doigts vers l'intérieur, chacun touchant le doigt équivalent de l'autre main, si possible.

Chakra : Gorge
Mantra : Om agnayaa yanmayaa swaha

Les « liens internes » sont des courants énergétiques se trouvant en vous et qui vous lient avec votre Être supérieur. Nous pouvons savoir ce que les autres pensent. En vous recueillant au plus profond de vous-même, là où il n'y a pas de mots, vous pouvez prendre contact avec ce même endroit chez les autres. Lorsque vous faites cette connexion, vous pouvez entendre les pensées d'autrui, sans mots, ou vous pouvez apprendre à communiquer par des concepts mentaux, ce qui est communément appelé télépathie.

Ce mudra est utilisé afin d'ouvrir votre esprit aux pensées que les autres projettent conformément à leur activité mentale. Il peut vous aider à mieux comprendre le pourquoi des agissements des autres. Si vous désirez développer de la compassion, vous pouvez utiliser ce mudra pour augmenter votre empathie envers les autres. Si vous ne jugez pas ce que vous percevez, vous pourrez le percevoir avec encore plus de clarté.

7- RETSU

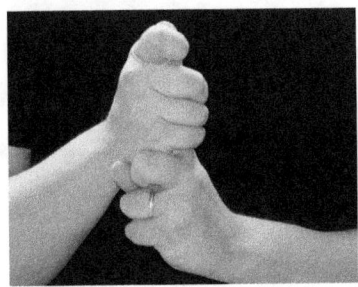 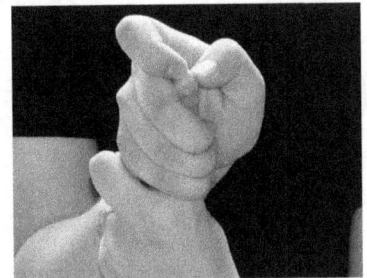

Pointez votre index gauche vers le haut et enveloppez-le avec votre main droite. Placez le bout de votre pouce et index droit sur le bout de votre index gauche. Les doigts de votre main gauche sont réunis pour former un point.

Chakra: Portail de Jade, à l'arrière de la tête
Mantra: Om jyota-hi chandoga jiva tay swaha

Après avoir pratiqué les exercices de kuji-in pendant quelque temps, vous remarquerez qu'ils modifient votre perception de la matière solide et que vous serez en mesure de percevoir les différents courants d'énergies qui composent notre univers multidimensionnel. Selon la théorie de la relativité, le temps ralenti à mesure que la masse accélère, de sorte que si votre énergie circule, et que vous y appliquez votre volonté, votre masse s'accélère également, le temps ralentit donc pour vous et vous pouvez simplement changer (ou diriger) la trajectoire ou le mouvement de votre corps dans l'espace.

Il est maintenant temps de mettre toute cette théorie de côté pour laisser votre esprit s'adapter à cette nouvelle perception de l'Univers. Imaginez que les atomes de l'univers sont composés de vagues d'énergie au lieu de matière solide rigide; sentez la flexibilité dans la structure de ces vagues d'énergie. Comprenez que ce sont ces vagues d'énergies qui construisent votre corps. Vous êtes en constante re-création !

8- ZAI

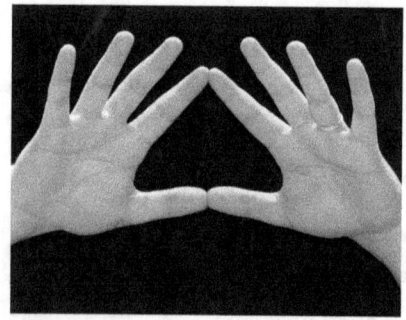

Touchez le bout de vos pouces et de vos index afin de former un triangle, alors que vos autres doigts sont étendus en éventail.

Chakra : Troisième œil
Mantra : Om srija iva rtaya swaha

sRija : *sh-ree-j* avec un « ee » pratiquement muet après le « R »
Rtaya : Rutaya avec un « u » pratiquement muet après le « R »

En pratiquant ce niveau, vous établirez une relation entre les différentes composantes de la création universelle : les éléments. Ces éléments ne sont pas uniquement physiques, mais également spirituels. La pratique de ce kuji est à la base du pouvoir de manifestation. Visualisez vous être en harmonie avec la nature. Visualisez le courant de chi de la nature jusqu'à vous, et de vous jusqu'à la nature. Après quelques moments, remarquez de plus en plus que la nature est vivante et que vous pouvez communiquer avec elle. La nature peut communiquer avec vous selon les limites des lois naturelles. Éventuellement, au fur et à mesure que vous augmentez votre sensibilité envers la nature, vous pourrez peut-être développer la capacité d'invoquer une manifestation d'éléments, une fois que vous aurez cette maîtrise.

9- ZEN

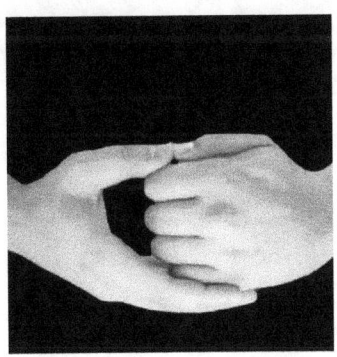

Appuyez vos jointures gauches sur les doigts de votre main droite, paume droite déployée. Touchez le bout de vos pouces avec douceur.

Chakra : Couronne
Mantra : Om ah ra pa cha na dhi

L'illumination est l'état mental le plus élevé. L'illumination est un peu comme une finalité, accomplie par la méditation. En faisant cette pratique, vous pourrez finalement disparaître aux yeux des esprits moins développés. Vous êtes toujours là, bien sûr, mais les autres ne peuvent capter votre présence puisque vos vibrations sont plus hautes que ce que leur mental peut capter ou à tout le moins interprété comme étant réel. Pour pratiquer ceci, imaginez simplement un vide paisible baignant dans la lumière blanche; visualisez-vous ensuite vous-même fusionnant avec cette lumière blanche. Il est possible que vous puissiez être invisible aux yeux de la moyenne des gens. Plusieurs heures de pratiques sont requises pour élever votre vibration à un niveau suffisant pour manifester ce genre d'effets secondaires, comme l'invisibilité suggestive.

Relation avec le Divin

Maintenant que vous avez expérimenté le monde spirituel, vous ne pouvez nier que ce dernier existe. L'unité avec l'âme universelle est une réalité. Il y a une CHOSE suprême qui englobe tout, il s'agit du Divin absolu. C'est ce que nous appellerons Dieu. Cependant, le mot « Dieu » peut rendre certaines personnes mal à l'aise parce qu'il est relié à des dogmes, à des définitions ainsi qu'à des expériences passées, plaisantes ou non.

Cesser de définir Dieu

Dans chaque ancienne religion ou dogme du monde, les chercheurs spirituels ont observé la nature et l'univers. Ils ont tous découvert qu'il existait une vérité absolue, qui est également intelligente, mais qui est dépourvue de nom, de forme, de son, de figure ou de quoi que ce soit auquel nous pouvons nous référer en tant qu'humain.

Pour communiquer cette vision de la vérité absolue à la population, les mystiques ont donné un nom, une forme, un son, une figure et ont même inventé des règles pour aider la population à accepter le concept de spiritualité dans leur esprit sans avoir à faire quelque cheminement spirituel que ce soit.

Le mot « Dieu » a été employé par toutes les religions et tous les dogmes pour faire référence au concept indéfini de ce qui est précréé afin que les gens puissent partager leurs idées concernant ce concept indéfini de vérité absolue. Il est important pour notre mental humain d'avoir un mot pour classifier cette connaissance à propos de ce concept universel. Le problème survient lorsque nous commençons à croire que la définition la plus élevée de Dieu en est une qui est accessible au mental humain.

Le mental est un niveau de l'existence humaine. Il n'est ni le plus élevé, ni le moins élevé. Le mental est supérieur au plan émotionnel, mais inférieur au plan spirituel. La plus élevée des définitions de Dieu est accessible à notre Esprit, qui est supérieur à notre mental, de sorte qu'il existe de l'information à propos de Dieu qui ne peut être saisie par le mental.

Pour comprendre le concept de vérité absolue, il est nécessaire d'opérer un mouvement spirituel intérieur, de contempler cette vérité spirituelle même si elle semble de prime abord inaccessible au mental humain. Tant que vous pouvez oublier toute préconception apprise au moyen de la religion ou d'un dogme à propos de Dieu, vous pourrez contempler la vérité absolue sans nom ni forme.

Les religions et les dogmes sont nécessaires pour plusieurs personnes afin de concentrer leur attention sur un seul point, espérant l'éveil spirituel, qui ne serait possible que pour l'élite (hum!?) de ces religions. Le mot « Dieu » fut ainsi utilisé pour définir la vérité absolue, puis pour lui donner une forme et un son, un concept, même le droit de juger et punir.

Il est important de cesser de définir le mot « Dieu » afin qu'il puisse redevenir disponible à nouveau pour représenter la vérité absolue sans nom ni forme. Oubliez tout ce que vous croyez savoir à propos de Dieu, oubliez tout ce à quoi vous tenez pour vous rassurer que vous irez dans une sorte de « paradis » après votre « mort ».

Nous nous efforcerons de vous aider à raffiner votre définition du paradis, de l'enfer, de la terre, de la vie, de la mort, de Dieu... Cette connaissance occulte détruira sans doute tout ce en quoi vous avez cru jusqu'à maintenant. Vous serez libre de savoir et de choisir vos croyances sans être forcé par quelque organisation ou église que ce soit. Nous ne vous partagerons pas notre propre vision de ce que tout cela signifie, mais nous vous présenterons des outils afin que votre mental accepte et contribue à votre propre découverte de l'univers et de ses lois.

Cependant, veuillez garder à l'esprit qu'il peut être bénéfique pour votre santé spirituelle et mentale de participer à des activités religieuses. Nous souhaitons simplement que vous ne pensiez pas que cela est absolument nécessaire et que nos propres dogmes sont meilleurs que les vôtres. Lorsque vous participez à des activités religieuses, faites-le en toute liberté et n'accordez pas d'attention à l'attitude sectaire des autres croyants.

Prière

La prière est essentielle. Définissez pour vous-même ce que peut être le concept le plus élevé de l'univers, et priez-le. Donnez-lui le nom de votre choix. Utilisez l'image et les concepts de votre choix, et priez. En aucun cas vous ne devriez tenter d'imposer votre propre vision de la vérité à autrui. Tous ont une vision distincte de l'univers, de Dieu, de l'Esprit ou de la Vérité.

L'un des aspects les plus importants dans l'acquisition de la puissance est de développer une relation d'AMOUR avec ce qui est le plus élevé dans l'univers, cette chose que vous ne pouvez définir. Être en AMOUR avec le divin exige et développe la foi. La foi est bien plus que la confiance en soi. Par contre, il ne s'agit certainement pas d'une croyance aveugle en un quelconque sauveur. La foi n'a rien à voir avec le fait d'être sauvé ou de vous affranchir de vos responsabilités humaines envers le divin. Peu importe ce que vous faites, faites-le avec Dieu. Si vous ne le faites pas avec Dieu, ne le faites tout simplement pas.

Cela dit, la foi vient graduellement. Ne croyez pas avoir échoué si vous ne vous sentez pas motivé par une foi absolue dès le départ. La véritable foi se développe avec des années de pratique et de gratitude envers l'univers. Lorsque vous priez, ne demandez rien. Plutôt, témoignez de votre gratitude pour ce que vous possédez déjà et priez pour être béni, sans préciser la forme de ces bénédictions.

La voie vers les pouvoirs surnaturels

La Voie des Pouvoirs est connue sous le nom de Voie du Siddha dans la tradition hindoue, dans laquelle les adeptes apprennent à connaître les Siddhis, qui sont les différents pouvoirs et habiletés. Vous pouvez trouver des séries de mantras et de techniques partout sur le Web et dans les livres, mais très peu, voire aucun, ne procure les résultats désirés. La raison principale est qu'un certain degré de maîtrise est requis avant de pouvoir progresser sur la Voie du Siddha. Le fait de connaître les mantras ne suffit pas.

Surnaturel signifie au-delà du naturel. Ce qui existe au-delà de la nature est en fait ce qui a créé cette même nature. C'est le monde spirituel de la conscience. Si vous n'avez pas fait la totalité de l'entraînement jusqu'à maintenant, vous n'obtiendrez de résultats que très lentement avec les prochaines techniques, à moins d'avoir déjà des années de pratiques spirituelles derrière vous. Cependant, puisque vous avez déjà fait tout l'entraînement prescrit dans ce livre, vous parviendrez à un succès appréciable au cours des prochains mois avec les méthodes qui suivent. Quoi qu'il en soit, la patience est requise.

Pour que les concepts suivants aient quelque effet que ce soit, il est essentiel d'avoir fait la majorité de l'entraînement jusqu'à maintenant. Lire les recettes et connaître tout ce qu'il y a à savoir sur les ingrédients ne fera pas de vous un bon chef. Vous devez vous exercer. Qui plus est, la connaissance requise pour parvenir aux habiletés surnaturelles ne se trouve pas dans ce livre, mais dans la conscience. Toute l'information contenue ici vise à vous mener sur le chemin de la conscience afin que vous puissiez réellement apprendre les mécanismes de l'univers lorsque vous existez consciemment en tant qu'Être, lucide au champ de la conscience qui imprègne tout.

L'important est qu'il est essentiel d'avoir :
- Chargé le mantra de la Paix
- Chargé le mantra de la Compassion
- Chargé le mantra des Trois Soleils
- Avoir de l'expérience en transmigration de conscience
- Avoir de l'expérience en transmutation émotionnelle
- Avoir de l'expérience avec le mantra de la Terre Pure
- Comprendre l'importance de la mère Divine
- Comprendre l'importance de la prière
- Vous entraîner à une forme d'acquisition de pouvoir de votre choix: kuji-in, 5 éléments ou autre.

Chargez les mantras des éléments n'est pas absolument nécessaire avant de poursuivre, mais cela vous sera utile pour parvenir à une pleine efficacité pour le second Siddhi.

Les Siddhis ne sont pas chargé au moyen d'un japa, mais par la médiation. Chaque Siddhi est un mot unique, accompagné d'un concept philosophique à garder en tête tout au cours de la méditation. Vous devrez demeurer assis, immobile et détendu. Essayez de garder votre dos droit de lui-même, sans y mettre de tension ni de pression. Votre colonne vertébrale devrait être légèrement penchée pour un meilleur confort.

Avant de faire une méditation de Siddhi, vous devrez préparer votre Être, votre âme, votre mental, votre cœur et votre corps. Chaque séance devrait se dérouler comme suit :

- Prière à l'unique Dieu, de la tradition de votre choix, ou d'une manière indéfinie
- Récitez un mala de votre choix (c'est-à-dire : en utilisant le mantra de la Paix pour calmer votre mental, les trois soleils pour l'énergie, etc.)
- Deux minutes de pranayama.
- Un minimum de 20 minutes de méditation de Siddhi

De plus, lorsque vous avez terminé, n'oubliez pas de garder une attitude positive, vous pouvez même aller jusqu'à réciter des affirmations positives pendant au moins 20 minutes.

Pour faire une méditation de Siddhi, répétez-vous mentalement le mot du Siddhi choisi à intervalles de quelques secondes, avec une attitude neutre et calme. Alors que vous gardez à l'esprit un mantra au rythme calme, contemplez le concept philosophique du Siddhi. Laissez le court mantra ainsi que la philosophie résonner dans votre conscience. Creusez en vous-même. Immergez-vous dans votre conscience. Après quelques minutes, cessez la contemplation philosophique, mais demeurez dans un état de conscience pendant que vous répétez le mantra. Revenez à la contemplation mentale seulement si votre mentale s'écarte, puis cessez la contemplation à nouveau.

Je puis comprendre la tentation d'aller aussi vite que possible pour faire chacun des Siddhis, et ce, jusqu'à ce que vous ayez atteint le Siddhi que vous souhaitez développer. Ceci ne peut se solder que par un échec. Vous devez pratiquer chaque Siddhi, étape par étape, pendant une longue période de temps. Vous devez méditer avec le premier Siddhi jusqu'à ce que vous sentiez que son effet dans votre corps et votre esprit, lorsque vous expérimenterez quelque chose de plus grand que votre humain. Il n'existe aucune règle pour cela, surtout parce qu'il est difficile d'identifier le moment adéquat pour passer à l'étape suivante. Vous devriez avoir fait un minimum de 20 méditations pour chacun des Siddhis avant de progresser au suivant. Même si vous ressentez de fortes influences spirituelles, cela ne signifie pas que vous avez terminé avec ce Siddhi. Vous devriez également avoir un minimum d'un mois d'entraînement pour chacun des Siddhis. Si vous êtes le type de personne qui ne ressent habituellement presque rien, suivez les directives ci-dessus pour vous orienter.

Souvent, j'aime personnellement revenir au premier Siddhi, puis faire tous les Siddhis sous forme d'un Siddhi par méditation sur une durée d'un mois. Lorsque je fus initié au processus de méditation des Siddhis, j'ai fait le premier Siddhi pendant 8 années d'affilée, tout simplement parce que je n'avais jamais reçu d'instructions concernant les autres Siddhis. Au début, j'ai même cru que la méditation des Siddhis ne consistait que de ce seul et unique mantra. C'est ce qui m'a permis d'aller très loin, et très rapidement, avec toutes les techniques que j'ai fait par la suite.

Il existe quelques traditions différentes de la voie de Siddha, chacune avec son propre ordre de mantra. Je vais vous guider sur la voie que j'ai apprise. S'il vous plaît, ne comparez pas avec les autres voies. Elles sont toutes bonnes. Cependant, gardez la même voie.
Il est important de faire les 9 Siddhis d'affilés. J'appelle ceci la Voie Continue. Ensuite, vous pouvez passer d'un Siddhi à l'autre dans l'ordre de votre choix pour tous les Siddhis

restants afin de développer une habileté surnaturelle précise. J'appelle cette méthode de Siddhis les Voies Multiples. Ainsi, à l'intérieur de la première année, vous devriez vous entraîner à la voie continue, ensuite choisir une voie de votre choix jusqu'à ce que vous parveniez au succès. Après avoir terminé avec la voie continue, vous choisirez un Siddhi unique afin de développer l'une des multiples voies. Vous continuerez de faire cette pratique de Siddhi jusqu'à ce que vous parveniez à des traces visibles du succès. Ensuite, il vous appartiendra de changer à un autre Siddhi, ou de continuer pendant des mois, voire même des années, afin de véritablement manifester l'habileté surnaturelle désirée.

Je vous invite à lire la liste entière des Siddhis afin de vous encourager lors de vos pratiques. Les Siddhis peuvent manifester des phénomènes assez impressionnants lorsqu'ils sont maîtrisés grâce à des années de méditation. En tout temps, résistez à la tentation d'aller trop vite. Suivez la voie telle qu'elle vous à été exposée, autrement vous pourriez bien ruiner toutes vos chances de développer quelque habileté surnaturelle que ce soit.

La discrétion est recommandée. Bien que n'importe qui puisse lire de l'information sur les Siddhis à peu près n'importe où, réciter les mantras en silence est une pierre angulaire de la pratique. Chaque fois que vous mentionnez le Siddhi à voix haute, vous diminuez vos chances de succès avec le Siddhi. À la place, lorsque nous souhaitons parler d'un Siddhi particulier, nous l'appelons par son numéro, ou son concept. Nous dirions alors « Le premier Siddhi » ou « Le Siddhi le plus petit », au lieu de nommer le mantra comme tel. L'énergie que vous déploierez pour limiter l'utilisation du mantra uniquement pour vos récitations mentales amplifiera grandement l'effet et la vitesse à laquelle vous développerez les Siddhis.

De plus, vous ne devriez pas mentionner à qui que ce soit quel Siddhi vous faites dans la Voie continue, ni quel est votre Siddhi de prédilection des Voies multiples. Le processus entier doit demeurer privé et personnel.

Dans la tradition que j'ai suivie, dans laquelle on m'a montré la voie des Siddhis, il était strictement défendu de même prononcer le mantra avec la bouche, à moins que ce ne soit par un professeur lorsqu'il l'enseignait. Autrement, personne ne prononçait quelque mantra que ce soit à voix haute. Vous devriez également cultiver ce niveau de révérence pour votre propre développement.

ATTENTION : Les Siddhis ont été conçus pour dilater votre conscience et vous aider à évoluer en tant qu'être spirituel. Ils procurent tous des effets qui sont très intéressants pour la nature animale de l'humain (l'égo). Si vous finissez par utiliser les Siddhis de manière à blesser autrui, ou pour acquérir des biens qui ne vous sont pas destinés, le prix karmique que vous devrez payer sera plus grand que pour tout autre type d'offense perpétrée par des moyens naturels. Ces Siddhis sont des pièges pour l'égo humain afin de vous entraîner à agir vertueusement. Si vous vous sentez devenir arrogant, prétentieux ou encore que vous êtes tentés d'épater la galerie avec de petits trucs, prenez un peu de recul et observez-vous. Vous devez demeurer en contrôle de votre comportement humain. Vous devez agir vertueusement, avec humilité et avec un grand discernement. Vos choix doivent être déterminés par un sens de justice et de compassion.

Les Siddhis

La Voie continue

1. ANIMA

Le premier Siddhi est « Anima ». C'est un mot sanskrit qui signifie « le plus petit ». Il ne s'agit pas du mot latin identique, « anima » qui signifie le Soi, ou l'Âme. Le mot sanskrit ANIMA fait référence à la plus petite, la plus raffinée des substances dans laquelle toute chose se trouve. Chaque atome, chaque particule ou ondulation, baigne dans cette substance infiniment plus petite. Cette substance est Dieu. Lorsque vous priez le Christ, c'est le Christ universel qui pénètre tout. Dans la voie hindoue, nous croyons que « Vishnu pénètre l'univers en entier ». Tout est fait avec et en Vishnu. Tout est fait avec et baigne dans l'Être Supérieur, la conscience la plus élevée. En méditant sur le premier Siddhi, récitez le mot encore et encore, en pensant à la plus petite substance qui se trouve partout. Votre mental peut alterner entre un petit point pour illustrer le concept du plus petit, puis sur la vaste étendue de l'univers, en imaginant que le plus petit se trouve partout. Vous pouvez utiliser de tels concepts pour vous aider à commencer, mais vous devriez rapidement oublier le petit point unique et l'étendue de l'univers.

Contemplez simplement le fait que la Conscience Supérieure qui est Dieu et qui est partout.

2. MAHIMA

Le second Siddhi est « Mahima », qui signifie « le plus grand, le plus gros ». Alors que vous récitez de mantra/mot, en pensant à la plus grande chose ou la plus grande force, contemplez les cinq éléments. Vous pouvez observer les éléments un à la fois, ou tous ensemble simultanément. Souvenez-vous que les cinq éléments ne sont pas leur manifestation physique brute, mais les cinq énergies conceptuelles qui ont tout créé. Si vous répétez mentalement des mots tels « terre, feu, cieux, eau, air », vous limiterez la portée du mantra / mot. Ainsi, vous pouvez commencer la méditation en vous souvenant les concepts des cinq éléments en utilisant des mots, mais contemplez rapidement le concept sans nom des cinq éléments, et répétez seulement le mot Siddhi MAHIMA. Au cours de cette pratique, vous contemplerez que les cinq éléments sont Vishnu, le Christ, l'univers en entier. Le fils de Dieu, qui était la substance absolue lors de votre pratique d'« Anima » est maintenant l'énergie spirituelle des cinq éléments, sous forme des plus grandes énergies de l'univers.

3. GARIMA

Le troisième Siddhi est « Garima », qui signifie « lourd ». Cela ne fait pas uniquement référence au poids, mais également à la gravité et à tout autre type de forces naturelles. Pendant vos pratiques avec ce Siddhi, ne contemplez pas uniquement le concept de lourdeur, mais également le concept de force de traction, l'attraction magnétique et les forces atomiques. Vishnu / Christ / Buddha est la force de l'univers en action.

4. LAGHIMA

« Laghima » signifie « poids léger » ou le concept de non-gravité. Il s'agit d'un état d'esprit dans lequel les forces précédentes qui opèrent dans l'univers sont libérées, affranchies de tout attachement, de tout lien. Pendant ce Siddhi, contemplez le fait que Vishnu / Christ / Buddha est la force qui dirige naturellement les cinq éléments dans l'univers. Le fils de Dieu est l'énergie et la puissance derrière les cinq éléments. Sentez-vous léger, sentez la légèreté, sentez la force maîtresse derrière les éléments de l'univers.

5. PRAPTI

« Prapti » signifie « atteindre » dans certaines circonstances, et « obtenir » dans certaines autres. Ce Siddhi est relié à notre capacité d'atteindre nos buts. Il nous donne les habiletés pour obtenir tout ce sur quoi notre mental se focalise. Au cours de la méditation sur ce Siddhi, contemplez que Vishnu / Christ

/ Buddha est la source de notre égo. Tout ce que nous sommes, incluant notre nature humaine, est créé par la source de toutes choses.

6. PRAKAMYA

« Prakamya » signifie « Volonté irrésistible ». Ce Siddhi donne la volonté ultime. Il procure la force d'accomplir toute chose, avec une détermination et une persévérance sans borne. Méditez sur Vishnu / Christ / Buddha en tant qu'Être Suprême qui est l'unique conscience qui circule dans tous les êtres.

7. ISHITVA

« Ishitva » signifie « suprématie ». Dans la nature, les animaux tendent à ressentir l'autorité qui émane les uns des autres. Cela n'est pas d'une importance capitale uniquement dans la chaîne alimentaire, mais au sein d'un groupe d'individus, elle détermine la hiérarchie. Ceux dont la radiance est moindre respectent naturellement ceux dont la radiance est plus forte. Ce Siddhi procure une telle radiance de suprématie, de royauté, et il procurera une influence dans les relations avec autrui. Ceci est l'un des pièges pour l'égo. À des niveaux élevés, c'est également par ce Siddhi que l'on acquiert la capacité de contrôler l'illusion ainsi que les sens des autres. Lors de la méditation sur ce Siddhi, contemplez que l'Être Suprême, Vishnu / Christ / Buddha, est celui qui contrôle l'illusion de tous les sens, de tous les êtres. Vous devez focaliser sur l'Être Suprême, au-delà de votre nature humaine.

8. VASHITVA

« Vashitva » se traduit librement par « la volonté d'une personne » et implique la liberté d'agir et de penser ainsi que la possibilité de dominer la volonté des autres. Ce Siddhi est accompli en méditant sur l'Être Suprême en tant que commandant de l'univers. C'est également le plus gros piège de la voie de Siddha. Lorsqu'utilisé pour empêcher les autres d'agir ou de penser librement, l'impact karmique est immédiat et décuplé par 10. Vous devriez utiliser ce Siddhi pour vous libérer et libérer autrui.

9. KAAMARUTATTVA

« Kaamarutattva » signifie « accomplissement de tous désirs véritables ». Avec ce Siddhi, tous désirs que vous chérissez véritablement seront accomplis ou se manifesteront d'eux-mêmes. Seuls les désirs authentiques se manifesteront. Si vous croyez vouloir beaucoup d'argent, mais qu'au plus profond de vous-même, votre véritable désir est de vous sentir en sécurité sous un toit, alors vous vous manifesterez probablement une maison, mais pas d'argent, ou encore juste assez d'argent pour vous payer la maison. Tentez d'identifier vos véritables désirs. Ce Siddhi se réalise en méditant sur le Créateur en tant que force omniprésente, en expansion et transcendant la réalité. Le Créateur est Bramha, ou le Père, ou Amitabha Buddha, et il est toujours présent, partout, transcendant la réalité.

Ici se termine la voie continue. Si vous traversez toute cette voie en moins de neuf mois, ne vous attendez pas à des miracles. Si vous investissez un an par Siddhi, en méditant quotidiennement, alors vous les manifesterez sans doute. Ou encore, vous pouvez tous les faire sur une base mensuelle, puis y revenir une fois la série terminée. Pratiquer la méditation des Siddhis développe la foi puisque vous contemplez constamment votre Être Supérieur ainsi que l'Être Suprême.

De temps à autre, j'aime bien réviser tous les Siddhis de base. Je m'assois pour méditer, je me prépare en conséquence, puis je commence avec le premier Siddhi et prends environ 5 minutes pour chacun d'eux. Puisque je ne calcule pas vraiment le temps, je finis par méditer 45 à 60 minutes. Pourtant, la plupart du temps, je parviens simplement à un point de transcendance. La transcendance est un objectif à atteindre. Plus vous transcendez, plus vous parviendrez éventuellement à transcender consciemment, devenant votre Être Supérieur tout en étant conscient.

La Voie multiple

Je vais dresser une liste des Siddhis de la voie multiple en donnant moins de détails. Une fois que vous aurez terminé avec la voie continue, toute l'information qui suit sera compréhensible pour vous. Autrement, vous ne comprendrez pas grand-chose. Faites-le, tout simplement. Les Siddhis seront présentés ainsi : Siddhi – explication - technique.

Toutes les références à l'Être Suprême, au Soi Suprême, à Vishnu / Christ / Buddha ont la même signification. Ensuite, il y aura des références au Soi et au Soi Supérieur, qui représente davantage votre propre nature spirituelle individuelle à son niveau le plus élevé, même si elle est également unifiée à l'Être Suprême.

Énormément de pratique est requise pour que ces Siddhis se manifestent. Quelques récitations d'un mantra ne compenseront pas les années passées à l'écart de la véritable nature du Soi. Cependant, pour le méditant dévoué et discipliné, les résultats se manifestent assez rapidement. N'essayez pas d'exploits qui pourraient vous nuire ou nuire à autrui avant de maîtriser complètement un Siddhi.

Anumi Mattvam : absence de soif, de faim, de maladie, de misère, de vieillesse et de mort; méditez sur l'Être Suprême dans votre être humain, qui est l'incarnation de la vertu. Vous devez également demeurer neutre dans votre vie afin de ne pas être affecté par la nature.

Sravana Darsanam : voir et entendre à distance; méditez sur l'Être Suprême en tant que son transcendant qui fend l'air et l'espace, le soleil qui embrase l'univers, l'œil qui voit et la lumière à la fois du soleil et de l'œil. Tout est vibration et interaction avec les sens. Lumière, son et perception unifiés en une conscience unique.

Manah Javah : signifie esprit vif, employé pour bouger le corps aussi rapidement que le mental le souhaite; méditez sur l'Être Suprême comme l'unificateur du corps, du souffle et du mental.

Vayu Gaman : Avec ce Siddhi, une personne peut arriver à voler dans les cieux et se déplacer d'un lieu à un autre en quelques secondes; d'abord, parvenez à léviter souvent au moyen des Siddhis Laghima et Manah Javah, puis utilisez les mêmes concepts de méditation pour ce Siddhi. Une fois acquis, utilisez ce Siddhi avec la technique de transmigration pour vous téléporter.

Kama Rupam : assumer une forme désirée; méditez sur l'Être Suprême en tant que la forme unique qui en devient plusieurs.

Parakaya Pravesanam : transmigrer dans le corps d'un autre; méditez sur vous-même comme étant la force qui transmigre dans un autre corps grâce au prana.

Svachanda Mrtyu : mourir selon sa volonté; se développe par le Yogi qui à appris l'art d'occlure l'anus avec son talon, canalisant le prana provenant du cœur jusqu'à l'endroit de la couronne connu sous le nom de Brahma randhara (milieu du front, entre le troisième œil et le chakra de la couronne) et à retourner au chakra de son choix par sa propre volonté.

Sahakridanu-darsanam : jouer avec les dieux; méditez sur la véritable nature du Soi, le Soi Supérieur.

Yatha Sankalpa Samsiddhi : accomplir sa volonté et son souhait; se réalisera pour ceux qui ont une foi entière en l'Être Suprême, sachant que la volonté de Dieu s'accomplit toujours.

Ajnaprathihata Gati : faire obéir les autres à sa propre volonté; fusionner avec l'unité autonome de l'Être Suprême, Vishnu / Christ / Buddha, dans laquelle toute chose évolue.

Tri Kala Jnatvam : connaître le passé, le présent et le futur; se développe par celui qui s'est complètement purifié et qui à maîtrisé l'art de la méditation par la fixité.

Advandvam : être immunisé contre le froid et la chaleur; la joie et la misère, la douleur et le plaisir; parviens à celui qui a atteint une tranquillité totale et entière par une dévotion authentique envers Dieu. La neutralité est requise.

Para Citta Abhijnata: lire les pensées d'autrui; se développe par ceux qui se sont affranchis du conditionnement humain en ayant une confiance totale et exclusive en Dieu.

Agnyarkambuvishadinam : contrer les dommages causés par le feu, le soleil, l'eau, le poison; ne peut être atteint que par celui ayant une foi absolue en Dieu et dont l'attitude est complètement détachée et neutre.

Pratsihtambho aparajaya : ne pas succomber à qui que ce soit; ne peut être atteint que par celui ayant une foi absolue en Dieu et dont l'attitude est complètement détachée et neutre.

Haadi : En acquérant ce Vidya (sagesse), une personne ne ressent ni la faim ni la soif et peut vivre sans boire ni manger pendant plusieurs jours consécutifs; méditer sur l'Être Suprême pourvoyant à tous les besoins.

Kaadi : Tout comme une personne ne ressent pas la faim ni la soif avec Haadi Vidya, la personne n'est pas affectée par les changements climatiques avec Kaadi Vidya (l'été, l'hiver, la pluie, etc.) Après avoir complété ce Vidya, la personne ne ressentira pas le froid même si elle se trouve dans une montagne enneigée et ne ressentira pas la chaleur même assise dans un feu; méditer sur l'Être Suprême qui soutient le corps dans toutes ses fonctions.

Kanakdhara : il est possible d'acquérir énormément de richesse avec ce Siddhi; méditer sur la Mère Divine qui prend soin de tous vos besoins et même au-delà, ainsi que sur l'expérience de la gratitude.

Pararupagati : Mouvement d'une forme distante; exercez-vous longuement avec Laghima, Manah Javah, ainsi que la transmigration. Ensuite, développez ce Siddhi en méditant sur l'Être Suprême en tant que gestionnaire de tout mouvement dans l'univers.

Il existe de nombreux autres Siddhis, comme la manifestation ou la résurrection des morts, qui requièrent davantage qu'une simple méditation sur un concept tout en répétant un mantra. Nous parlerons d'autres habiletés surnaturelles dans le prochain chapitre.

Sri Swami Sivananda suggère d'excellents conseils dans son article *Les Siddhis Satsanga et Svadhyaya ne sont pas de vrais gages d'une spiritualité authentique* :

« Une autre grande erreur que les gens font souvent est qu'ils jugent l'illumination de Sadhus en fonction des Siddhis dont ils font preuve. En général, il est courant de juger les mérites et capacités d'un Sadhu en se basant sur ses Siddhis. Il s'agit là d'une erreur. Les gens ne devraient pas juger l'illumination d'un Sadhu de cette manière. Les Siddhis sont des effets secondaires de la concentration. Les Siddhis n'ont rien à voir avec la réalisation de soi. Un Sadhu peut faire état de plusieurs Siddhis grâce à de grandes passions et désirs intenses, et si c'est effectivement le cas, il est alors sans doute une personne possédant ces pouvoirs, sans plus. Vous devez me croire lorsque je vous affirme que les Siddhis sont une grande nuisance aux progrès spirituels et tant qu'un adepte cherche à les développer sans tenter de s'élever au-dessus de ceux-ci pour poursuivre sa démarche, il n'y a aucun espoir de réalisation. Par contre, cela ne signifie pas que quelqu'un qui manifeste des Siddhis n'est pas une âme réalisée. Il existe plusieurs cas de gens ayant exhibé plusieurs Siddhis uniquement pour l'élévation du monde sans quelque trace de motifs égoïstes que ce soit.

À l'époque de Sri Ramakrishna Paramahamsa Dev, un Sadhu s'en est approché et démontra deux Siddhis : l'un lui permettait de se promener sans être vu par qui que ce soit. L'autre faisait en sorte que de la lumière était émise par son anus pendant qu'il marchait. Après quelque temps, cet homme pénétra, invisible, dans les appartements d'une femme, en devint amoureux et perdit ses deux pouvoirs. Généralement, la plupart des gens, même ceux ayant une bonne éducation, jugent les Sadhus uniquement selon leurs Siddhis. C'est une grave erreur et c'est pourquoi je vous préviens sérieusement. »

Je vais également réitérer cet avertissement en relatant une expérience personnelle. J'avais développé la capacité d'influencer la nature, de faire pleuvoir ou cesser de pleuvoir, de faire venter ou cesser de venter, etc. Après l'avoir expérimenté seul, j'ai tenté de répéter l'exploit en compagnie de quelques amis. Même si j'ai tenté de contrôler mon attitude avec le plus grand soin, une pensée traversa mon esprit, une pensée qui ressemblait à « Hé, regardez mon pouvoir ! » L'effet fut immédiat, j'ai perdu toute espèce d'influence sur la nature. Je me sentis très stupide et cet événement amorça toute une chaîne de réactions de la part de mes amis.

Tant que vous ressentez le besoin d'obtenir de l'attention de la part des autres, vous allez limiter vos progrès sur le chemin des habiletés surnaturelles. Prenez un peu de temps à chaque jour pour vous observer. Donnez-vous à vous-même l'attention que vous souhaitez recevoir. Réjouissez-vos lorsque vous passez du temps avec autrui, mais ne dépendez que de vous-même. Il est sain d'avoir une famille et un cercle social, mais vous devez tout de même prendre soin de vous. Aimez-vous autant que vous le pouvez. Si vous trouvez que c'est difficile, exercez-vous à faire de la transmutation émotionnelle chaque fois que c'est possible.

Pouvoirs suprêmes

Les Sri Siddhis suivants requièrent des systèmes d'entraînement complets et autonomes. De plus, pour certaines parties de ceux-ci, les explications ne peuvent être découvertes qu'en expérimentant de manière répétée l'Être Supérieur, d'où l'importance de la méditation. Je vais vous présenter ici un survol résumé de la sagesse qui les concerne. Au fil du temps, et à mesure que j'acquiers une maîtrise suffisante de ces Sri Siddhis, j'écrirai des livres entiers sur chacun d'eux individuellement. En ce moment, ce sont les Pouvoirs Suprêmes disponibles seulement aux êtres illuminés les plus accomplis.

Influencer la nature

La nature est habitée d'esprits de la nature. Chaque tradition les nomme de manière bien différente, et nous n'en ferons pas état ici. Chaque type d'esprit de la nature répond de manière favorable à un comportement vertueux et est plutôt offensé par un comportement vil. Par exemple, l'esprit de l'air Khacara est attiré par la sagesse et le discernement, mais s'éloigne de l'arrogance et de la vanité. Plus vous êtes vertueux, plus la nature réagira favorablement à vos appels.

Ensuite, pour invoquer les forces de la nature, vous ne devez pas employer de mots provenant de votre dictionnaire, mais plutôt une attitude dans votre esprit combiné à un sentiment dans votre cœur. Cet état d'esprit et ce sentiment sont projetés à l'extérieur telle une expression du soi. À partir de là, les esprits recevront votre message dans un langage qu'ils peuvent comprendre. Le fait de connaître le nom des différents esprits de la nature n'est utile que pour vous afin de vous aider à ordonner vos pensées. En langage de la nature, si vous souhaitez vous adresser aux esprits de l'eau/pluie, harmonisez-vous simplement à cet état d'esprit et ce sentiment.

Pour influencer la nature, vous devez pouvoir agrandir votre présence au-delà des limites de votre corps physique. Après avoir pratiqué les deux premiers Siddhis de la voie continue, entraînez-vous maintenant à étendre votre champ de conscience vers le ciel. À partir de là, entrez en contact avec les esprits de la nature. Focalisez ensuite votre attention sur l'effet désiré en harmonisant vos pensées et sentiments. Si vous avez développé les vertus nécessaires pour interagir avec les forces de la nature appropriées, elles influenceront les lois naturelles afin de correspondre autant que possible à votre désir.

Selon la puissance de l'influence ainsi que la vitesse à laquelle elle se manifeste, vous pouvez devoir demeurer de 2 minutes à 2 heures dans le même état d'esprit / sentiment, tout en vous dilatant consciemment dans la nature. Les esprits doivent ressentir votre profond respect pour la nature. Ils doivent également ressentir votre foi en Dieu et votre confiance en vous.

Télékinésie

La pratique de la télékinésie requiert que vous ayez d'abord développé toutes les techniques se trouvant dans ce livre, et ce, jusqu'à la fin du dernier Siddhi de la voie continue. Il existe également des Siddhis qui vous assisteront pour développer la capacité de faire de la télékinésie.

Après vous être développé suffisamment avec ces Siddhis, transmigrez votre conscience afin de devenir un objet et alors que vous êtes physiquement ancré à cet objet, déplacez-le à l'endroit de votre choix. Il sera utile de vous exercer au quatrième Siddhi (Laghima) et le Siddhi d'union 9Manah Javah).

J'écrirai un livre complet d'entraînement à la télékinésie lorsque j'aurai maîtrisé suffisamment cette technique. Je suis parvenu à peu de résultats jusqu'à maintenant (je ne parle pas d'absence de résultat, mais peu de résultat).

Pouvoir de manifestation

Le pouvoir de manifestation s'échelonne de l'influence des événements de votre vie jusqu'à la création de matière tangible à partir du néant. En ce qui concerne l'influence des événements dans votre vie, les Siddhis de la voie continue vous permettront d'y parvenir.

Parlons maintenant de la création de matière physique, manifestée à partir du néant des champs spirituels.

Les scientifiques d'aujourd'hui ont créé un appareil simple qui crée de la matière à partir de rien. Ils ont simplement placé une pompe très puissante à une extrémité d'une boite de verre très solide pour en extraire l'air. Lorsque l'air contenu dans la boite de verre est presque entièrement extrait et qu'il n'y reste presque plus rien, des atomes d'hydrogène apparaissent subitement du néant, comme si l'énergie de l'univers qui se trouve partout était aspirée dans l'existence à partir du vide.

Mes expériences avec la création de matière tangible à partir des champs spirituels, sans autre outil que des mantras et de la concentration, furent suffisamment concluantes en ce qui me concerne, même si la quantité de matière ainsi créée était très petite. À ce jour, j'ai réussi à créer deux petits grains de terre au moment où j'écris ces lignes. Il me fallut 82 jours de travail quotidien pour y parvenir, et je possède déjà beaucoup d'expérience en spiritualité. Je n'ai pas de témoin ni de document pouvant attester ce que j'avance. En ce sens, je vais donc pour l'instant écrire sur ce que je connais du procédé ainsi que sur ce que j'ai expérimenté, mais j'écrirai un livre entier sur le sujet lorsque j'aurai suffisamment de succès, présentant également des données scientifiques valides.

Pour manifester de la matière tangible, vous devez d'abord augmenter votre niveau de puissance. Il faut tellement d'énergie pour créer de la matière qu'il est impossible pour un être humain d'en accumuler suffisamment dans son système. Nous devons donc augmenter notre puissance simplement pour pouvoir soutenir l'activité de l'Esprit lorsqu'il interviendra dans le processus de manifestation. Seul l'Esprit, unifié avec l'univers, peut canaliser la quantité d'énergie requise. Ceci se fait en chargeant et en maintenant chargés les cinq éléments. Un entraînement de longue haleine en Kuji-In aidera grandement à la fluidité et l'intensité du processus de manifestation.

Ensuite, vous devrez vous imprégner de la conscience de la matière que vous souhaitez manifester. Ceci est comparable à l'acquisition d'une copie des données que vous souhaitez copier sur votre ordinateur. Pour manifester de la matière, vous devez d'abord tenir consciemment la vibration de la matière que vous souhaitez créer ou manifester. Ceci se fait en méditant sur la composition physique de la matière à créer, sans porter trop d'attention à la structure atomique, mais plutôt en tentant de ressentir le type de conscience qui structure ce genre de matière physique. Les Siddhis de la voie continue aident à développer les outils qui vous permettront d'acquérir l'empreinte de conscience de certaines matières. Fait plutôt étrange, la matière organique (comme de la terre) est plus facile à créer qu'une structure simple du tableau périodique (comme les métaux ou les pierres précieuses).

Après cela, vous devrez établir une relation de grande qualité avec la Mère Universelle, la force féminine Divine de l'univers. Tout fut créé au sein de la Mère Divine, et c'est par elle uniquement que nous pouvons manifester. Il est vrai qu'elle est la seule à pouvoir créer, et non pas notre propre petit égo. Ceci requiert de notre part de prier la Mère Divine tous les jours.

Ensuite, nous devrons éveiller notre conscience du Bramha / Créateur. Pour ce faire, nous devons éveiller et élever notre conscience jusqu'au niveau de l'Esprit. Cela signifie que nous devons éveiller notre corps causal / conscient, ensuite être conscients de notre âme, puis de notre Esprit, et enfin, être unifiés dans l'Être. Cela se produit par la pratique du processus des Siddhis et de l'Atma Yoga, qui dépasse le sujet de ce livre.

Une fois que vous aurez fait tout cela, nous pouvons considérer expérimenter avec la manifestation. Jusqu'à maintenant, voici ce que nous avons :

- Nous avons la conscience du Brahma / Créateur
- Nous avons une relation solide avec la Mère Divine
- Nous gardons en notre conscience une empreinte de la matière que nous souhaitons créer
- Notre nature humaine est suffisamment forte pour supporter les énergies impliquées dans un tel processus

À ce point précis, nous utilisons des mantras de manifestation, avec une focalisation intense sur la projection dans le monde physique de l'empreinte de la conscience de la matière à créer. Le processus en entier peut prendre passablement de temps. Nous devons aspirer l'empreinte désirée dans le monde physique et la projeter avec l'Esprit. Ceci ne se produit pas avec un effort mental. Au cours du processus de manifestation, le seul effort que fournit le mental est de garder la focalisation uniquement sur l'expérience. C'est notre Être qui fait l'effort de descendre dans la réalité physique. Notre être humain doit laisser le champ totalement libre à notre être spirituel.

Vous avez ici tout ce dont vous avez besoin pour vous entraîner à devenir un créateur. Les prières et pratiques spécifiques que j'utilise personnellement pour manifester seront enseignées à ceux qui ont la discipline et le courage d'aller loin dans leur développement spirituel.

Transmutation matérielle

Le pouvoir de transmutation exige la même expertise que le pouvoir de manifestation, mais à un niveau inférieur. Le pouvoir de transmutation requiert de l'adepte qu'il puisse puiser dans la conscience de la matière à transmuter, tout en focalisant sur l'empreinte de la conscience de la matière que l'on souhaite obtenir. Ce pouvoir est présentement utilisé pour différentes méthodes de purification par la méditation ainsi que certains rituels. Il est semblable à ce que faisaient les alchimistes pour transformer le plomb en or. Les gens maîtrisant la transmutation émotionnelle auront une conception plus claire du processus de transmutation matérielle.

Résurrection des morts

La résurrection des morts est un sujet populaire lorsqu'il est question d'habiletés surnaturelles. Il se trouve souvent en tête de liste des pouvoirs préférés de tous les nouveaux étudiants. Jusqu'à ce jour, seuls quelques individus sont parvenus à développer ce pouvoir. Leurs vies et leurs exploits sont très bien documentés. Dans la Chrétienté, il est accepté qu'un seul individu y soit parvenu. Chez les Hindous, les exemples sont beaucoup plus nombreux. Après avoir obtenu de grands succès avec les Siddhis de la voie continue et avoir développé une grande foi en Dieu, alors seulement pourrez-vous commencer à envisager les possibilités de ramener quelqu'un à la vie. Je vais décrire ici ce que je connais de la science de la résurrection.

Nous croyons que même ceux ayant réussi à ranimer les morts ne peuvent le faire que trois fois au cours de leur vie entière.

Je n'ai pas d'expérience personnelle sur le sujet. J'ai seulement empêché la mort d'un de mes fils. Il s'est empoisonné à l'âge d'un an après avoir mangé un petit fruit rouge toxique réputé pour tuer un adulte en l'espace de quelques heures. Je l'ai conduit à l'hôpital local, où l'on confirma son empoisonnement fatal. Il dut être transféré à l'hôpital de la grande ville. Avant que mon fils ne soit emmené hors de ma vue, j'ai senti sa vie s'affaiblir graduellement. Il fut ensuite placé dans une ambulance avec sa mère. Je suivais l'ambulance en voiture. Même si j'étais en train de conduire, j'ai invoqué tous les pouvoirs de l'univers, toutes les forces avec lesquelles j'avais établi une relation, afin de garder mon fils en vie. Ma femme confirma qu'à un certain moment pendant le transport en ambulance, tout redevint normal et que la seule chose qu'il restait à faire était d'attendre que le sang de mon fils se purifie. La douleur s'était apaisée et la vie circulait à nouveau dans son corps.

La science de la résurrection est légèrement plus intense que celle de préserver la vie d'une personne à l'agonie. Vous devez d'abord établir un lien avec le Divin. Vous devez vous attacher à autant de points d'ancrage Divins que possible. Cela signifie que vous devez connaître la religion et le monde spirituel, et avoir passé beaucoup de temps en méditation et en processus de rituels.

Lorsque quelqu'un meurt, le corps semble mort à partir du moment où la respiration et le cœur s'arrêtent, mais pour un moment encore, le corps n'est qu'en léthargie pré-mortem. À l'intérieur de quelques heures suivant la mort clinique, les fonctions corporelles peuvent être réenclenchées.

D'abord, le corps physique doit encore pouvoir supporter la vie. Si la moitié des organes sont détruits, il faudrait qu'une grande partie du corps soit régénérée, ce qui n'a jamais été observé même chez les plus grands saints. Si le corps peut encore soutenir la vie, comme dans le cas de mort sur impact ou de noyade, une résurrection peut être envisagée par un être très expérimenté en spiritualité.

Ensuite, l'âme du sujet doit également souhaiter continuer sa vie, dans le même corps. Ceci est presque toujours le cas. Soyez prêt à percevoir un autre scénario si tel n'est pas le cas cependant. Votre mental souhaitera le retour de l'âme, mais le mental est incapable de percevoir l'âme. Seule une personne dont l'âme est éveillée peut interagir avec une autre âme. Le yoga de l'âme (Atma Yoga) peut vous renseigner sur ce sujet. J'enseigne l'Atma Yoga à mes étudiants les plus avancés.

Les conditions du corps et de l'âme étant en ordre, il est maintenant possible de tenter une résurrection. La première étape serait d'utiliser des liens mondains que le sujet avait avec le monde physique. Un être aimé se tenant à proximité est souhaitable, mais cette personne doit pouvoir focaliser sur l'amour, non la mort. Il est souhaitable également d'avoir à portée de la main de la nourriture que le sujet aimait beaucoup. Cette nourriture devra être mangée après la résurrection afin de restaurer les fonctions corporelles. Cette nourriture devrait être saine et savoureuse, mais si le chocolat est le lien le plus fort, alors il faudrait en fournir au sujet lors de son réveil. Même après la résurrection, garder les liens avec le monde physique aussi présent que possible jusqu'à ce que les fonctions corporelles soient pleinement restaurées de manière sécuritaire.

Ensuite, l'énergie vitale du sujet doit être renouvelée. Un maître en Qi-Gong peut y arriver, ainsi qu'un adepte de la méditation qui garde son corps en très bonne santé. Cependant, un doux courant d'énergie, typiquement observé chez la plupart des guérisseurs holistiques, ne suffira tout simplement pas. Une énorme poussée d'énergie spirituelle est requise, tel que le font les adeptes des arts martiaux, de tai-chi, de vajrayana ou de kuji-in.

Ensuite vient le temps du réveil au cours duquel a lieu un appel physique et spirituel pour que la personne puisse revivre. Celui qui dirige la résurrection devrait tirer avec intensité sur les deux mains du sujet avec ses propres mains afin de le ramener à la vie. Focalisation, concentration, passion, amour profond, énergie vitale intense, foi complète et absolue sont tous requis pour ramener quelqu'un à la vie. Une résurrection ne peut pas être accomplie par le premier venu. Tant de paramètres entrent en ligne de compte qu'il faut une très grande maîtrise de soi pour y parvenir.

J'ai vu et expérimenté suffisamment de phénomènes surnaturels pour que je sois disponible à croire aux possibilités de la résurrection. Il est également reconnu publiquement que certains sont revenus à la vie suite à une mort clinique. Si j'expérimente un jour avec la résurrection, si jamais je parviens à ce niveau d'expertise, je donnerai plus d'information sur le sujet et tous mes étudiants en seront informés.

Conclusion

S'entraîner en PES et capacités surnaturelles exige plus que de la bonne volonté. Il faut de la patience, de l'endurance et de la détermination. Pratiquement n'importe qui peut commencer un tel entraînement, mais seuls ceux ayant appris à dominer la nature humaine auront le privilège d'influencer les lois naturelles. La nature ne peut être réellement perçue, influencée, modifiée ou créée que par Dieu. Si vous croyez que ce type d'entraînement est dangereux dans les mains de mauvaises personnes, ne vous inquiétez pas. Seulement en dominant l'envie et en se libérant de l'avidité est-il possible de développer de tels pouvoirs. Seulement en dominant les passions et les sens est-il possible de développer l'influence. Là où les instincts de la nature prédominent, l'Esprit n'est tout simplement pas actif. Notre Esprit est supérieur à la nature. Sans l'Esprit, il n'y à pas d'exploits surnaturels possibles. Cependant, il est facile de développer des habiletés surnaturelles lorsqu'engagé sur un sentier spirituel.

Je prie afin que vous puissiez trouver et obtenir, par votre entraînement, la plus grande valeur en toutes choses, le joyau le plus précieux, la montagne la plus haute, qui est le Soi.

Soyez bénis sur votre voie,

MahaVajra

F.Lepine Publishing

Copyright 2009

ISBN: 978-1-926659-02-2

www.MahaVajra.BE

www.ingramcontent.com/pod-product-compliance
Lightning Source LLC
Chambersburg PA
CBHW052047300426
44117CB00012B/2017